张文台文丛

健康养生卷

中央文献出版社

图书在版编目（CIP）数据

张文台文丛·健康养生卷／张文台著.—北京：中央
文献出版社，2013.12

ISBN 978 - 7 - 5073 - 3963 - 5

Ⅰ.①张… Ⅱ.①张… Ⅲ.①张文台—文集②保健
—文集 Ⅳ.①Z427②R161 - 53

中国版本图书馆 CIP 数据核字（2013）第 282468 号

张文台文丛·健康养生卷

著　　者／张文台

责任编辑／李庆田

出版发行／中央文献出版社

地　　址／北京西四北大街前毛家湾 1 号

邮　　编／100017

网　　址／www. zywxpress. com

销售热线／010 - 63097018　66880064

经　　销／新华书店

排　　版／北京方方照排中心

印　　刷／深圳市国际彩印有限公司

710 × 1000mm　16 开　总 159.75 印张　总 1700 千字
2014 年 1 月第 1 版　　2014 年 1 月第 1 次印刷

ISBN 978 - 7 - 5073 - 3963 - 5　总定价：468.00 元（共 7 卷）

张文台，男，汉族，中共党员，研究生学历，上将军衔。1942 年生于山东胶州，1958 年入伍。青年时就读于洛阳第八步校和解放军政治学院，中年时就读于国防大学和中央党校，曾担任过团副政委、政委，师副政委、政委，集团军副政委、政委，济南军区副政委、政委和中国人民解放军总后勤部政委等职务。中共第十三大、十六大代表，十六届中央委员。全国人大第八至十一届代表、第十届和十一届环境与资源保护委员会副主任委员。从事过军事、政治、后勤和环境资源保护等工作。

文台将军素有"军中儒将"之美誉，著书十几部、发表重要文章百余篇，多篇被主流媒体转载并被中组部、中宣部、中央党校、军事科学院等有关方面编入重要文献，在军内外产生了一定影响。

将军酷爱书法和诗词，先后三次获得全国全军书法大赛头等奖，并多次担任评委，发表过许多思想性和艺术性完美结合、有独特风格的诗词书法作品，还担任过备受关注的纪录片《毛泽东在1949》、《天下为公》和《绿色大业》顾问。现任中国书画联合会和中国毛泽东书法研究院顾问、北京将军诗书画研究会和北京戎马情怀诗书画院院长等职务。他文化修养扎实，理论功底深厚，实践体会颇多，演讲风格生动幽默、实在管用，涉猎广泛，经常应邀到党政军机关、干部培训学院、科研院所、大型企业、著名大学等单位讲演。演讲富有哲理，贴近实际，可操作性强，很受广大官兵和干部群众的欢迎。

出版说明

　　《张文台文丛》是张文台将军在五十多年戎马生涯中著述的精品。张文台将军著述十余部，这次将军事科学出版社出版的《来自实践的领导艺术》、《来自实践的思想政治工作艺术》，中央文献出版社出版的《哲语论修》、《讲堂文思录》，华夏出版社出版的《聊天心语》，中央党校出版社出版的《生态文明建设论——领导干部需要把握的十个基本体系》，中国环境科学出版社出版的《生态文明十论》，人民文学出版社出版的《中国百名书法名家书录张文台将军诗三百首》、《病中抒怀》等著作进行修订，与新作《和谐吟》、《修心养性话健康》汇集一并出版，内容涉及政治、经济、军事、文化、企业、生态等各个方面，反映了他在政治工作、领导艺术、人生修养、企业管理、生态文明建设、健康养生及诗词等方面深厚的理论功底、丰富的实践经验和高尚的人格修养。

本书编委会

二〇一四年元旦

自　序

　　从士兵到上将，从小学到研究生，我军旅生涯半个多世纪，虽无过人之敏，但从不敢懈怠；虽出身贫寒，但从不放弃努力；虽身居要职，但从不主观武断；虽历尽坎坷，但从不怨天尤人；虽干群赞誉，但从不居功自傲。无论驻守海岛，锁钥渤海；还是经略中原，拱卫京津；无论沙场点兵，还是援建维稳；无论抗洪抢险，还是后勤保障；无论是政治理论研究，还是军事思想谋略学习；无论是环境保护、企业文化，还是古今养生、文化历史等，都能认真学习，周密思考；深入实际，调查研究；集思广益，探索规律；点滴积累，或编辑成文，或口头传授群众，共同提高，或写成文章著作，启迪后人。虽然内容形式不同、表达方法各异，但这些书稿都是来自于实践，集中群智，发自于内心，简明易记，操作性强，切实管用，在广大群众中广为流传和称道，也得到各级领导及专家们的一致好评和赞誉。

　　金杯银杯不如群众的口碑。群众的赞誉不是我学富五车、知识渊博，而是肯定我在现实生活中的深切感悟、体会，对实践调查与探索。由于工作忙碌，这些手稿多数形成于飞机上、旅途中以及集体学习讨论时，有的铭记在心，有的作为交流，并随时记录，日积月累，积少成多，便成此书。

　　应大家的邀请，我发表了不少的作品，也出版了一些专著。尽管内容涉猎广泛，也不是一个完整体系和风格，但其精神实质是完全一致的。这就是：一个人不管你职位高低，为人民服务的宗旨是一样的；不管你权力大小，集思广益的领导艺术是一样的；不管你从事什么行业，辩证思考的工作方法是一样的；不管你工作岗位如何变化，求真务实的工作作风是一样的；不管你待遇如何，艰苦奋斗的传统是一样的；不管你官位大小，身先士卒的要求是一样的；不管你工作中困难多少，改革创新的追求是一样的；不管你贫穷还是富贵，向往健康和幸福的目标是一样的；不管你文化高低，提高文化艺术修养的愿望是一样的等等。实践证明，万物一理，大道相通，一通百通。所以我们要努力做到古今贯通、中西贯通、文理贯通、文武贯通。任何人想在短暂的一生中要想干成几件事，做一个毫不利己专门利人的人，做一个有益于国家和人民的人，必须读万卷书，学习古人的知识，继承前人的优良传统，升华自己的思想境界；行万里路，学习实践的知识，不断与时俱进，跟上时代的步伐；拜万名师，学习群众的知识，把个人的经验与群众的智慧结合起来；历万般苦，形成自己的知识，提高自己的能力，指导工作实践。只有这样，才能做到像古人讲得那样："知天下之势，通天下之变，友天下之士，谋天下之策，求天下之利，留天下之名。"

　　愿本书能给您心灵上带来一些启迪，为实现中国梦尽一点微薄之力。

张文台

二〇一三年国庆节于北京

目　　录

前　言

时光如白驹过隙，转瞬即逝，可是人们探索生命健康的努力却从未间断过。从《黄帝内经》诞生到现代养生的普及，养生的观点、方式、方法，可谓五花八门层出不穷。什么是养生？中医最早的典籍《黄帝内经》中就有明确的答案，"故智者之养生，必顺四时而适寒暑，和喜怒而安居处，节阴阳而调刚柔。"它讲明了养生的精髓，值得我们学习和思考。

文台将军一生戎马生涯，既不是出身于中医世家，也不是研究养生的专家，但修身养生却贯穿于他一生的生活当中。将军说过，他常去看老首长，听他们讲人生哲理、养生之道，每每收获颇丰。有位老首长讲人生感悟："科学工作别累着，加强修养别气着，合理饮食别撑着，适量喝酒别醉着，经常锻炼别闲着。"将军很受启发，自己也总结出一套"走路不要跑，吃饭不要饱，喝酒不要倒，遇事不要恼，用脑不要少"的养生体会。原中央军委副主席张万年老首长退休后给将军写了一首《一日歌》："早起晨练吸天地之气，读书挥毫铸高尚情操。园中散步赏自然美景，阅文看报观天下大势。育果养鱼为赏心悦目，会友待客叙同志情谊。闲时打雀练脑聪手敏，偶尔出行领山川神韵。听戏看剧承中华文明，家人团聚享天伦之乐。"将军称其为修身养生之经典。

将军说，近年来不断听到一些老部下英年早逝，年纪轻轻便撒手人寰的噩耗，内心十分悲伤和痛苦，常常为天妒英才而彻夜难眠。所以，他经常给大家讲，不管工作多忙，都要注意养生保健，劳逸结合，合理安排作息时间，这不仅仅是为了个人的身体健康，还直接关乎到家庭和睦及社会和谐，起码是自己少受罪，家庭少受累，国家少破费。

多年来修身养性并注重预防保健，将军总结出一套独特的养生理论和方法，不仅自己身体力行，练出了一个好体魄，身边的人也不同程度地收获了健康。他曾应邀在各地讲学，由于权威性和实践性较强，凡闻听者无不感到受益匪浅。不少人索要讲话原稿，还有一些人自发整理成手抄本并集纳成册，发给企业领导、社会团体和广大听众，更有一些领导要求将军将所讲内容编辑成书，公开发行，让更多的人受益。

正是因应大家的关切，才促成了此书出版。

书中所讲内容，大多是将军的实践、体会和感悟。虽没有精辟的医学深奥理论，但将军说讲"道"比讲"术"更值得人们思考，况且将军是从人生哲学来阐述养生之道的，具有强大的生命力。全书共分十个章节，内容涉及古人谈养生、长寿德为先、名人讲健康等多个方面，对不同年龄、不同职业、不同岗位的人，都有一定的健康促进作用。

愿我们每个人都能从将军的养生之道中有所收获，成为健康长寿的受益者，愿我们的生活充满欢乐和笑声！

编　者
2013 年 7 月 1 日

第一章
以德养生，为修身健康之首

养生是一门学问。一个人最宝贵的是生命，生命最珍贵的是健康，而健康最可贵的是养生。健康无价，它是力量、是财富、是幸福，是人的终生追求。一个人失去健康，就失去了生命质量、生命价值和生命意义。长寿虽受遗传基因影响，但更多的是靠后天不断地努力争取，这就需要你懂养生、会养生。当今社会，随着物质生活水平的不断提高，人们对日常保健养生越来越重视。这是因为，社会在进步，科学在发展，一切的建设都要靠身体健康的人去完成。所以，我们不光要口头重视，养生方法也要与时俱进——用辩证唯物主义观点，把传统医学和现代科学的养生理念有机地结合起来，用符合现代社会客观实际的方法，让人人都能参与养生，乐于养生，以提高生命质量、延长健康寿命。德作为修身养性之首，是一个人世界观、价值观的集中体现。做人要有品德，明是非；做事要有道德，讲诚信；做官要有官德，全心全意为人民服务。

古人认为，身体保养合乎节律，动静结合恰到好处，当喜而喜、当怒而怒，才不会伤害到身体。历代思想家、医学家、养生学家几乎都倡导"以德养生"，时至今日，时代发生了千变万化，然而"以德养生"的精神却依然管用，其原因是：

德高品行良　道德高尚的人行为端正、宁静致远、淡泊名利，常为他人着想，不投机取巧，因而受到人们的认同和赞誉，同时又促进了自己的身心健康。而道德低下的人品行不端、胡作非为，导致做贼心虚、恐惧焦虑，食不香、睡不安、大脑皮质功能失调、人体机能功能紊乱、血压升高，久之就会酿成大病。

德高心胸宽　道德高尚者胸襟开阔、心地坦荡、光明磊落。而修养较差者则心胸狭窄、嫉贤妒能，常常处于看不惯、想不开、弄不通的阴暗心理状态。殊不知，"通则不痛，痛则不通"，心灵阻隔往往会引起周身不适，身心患病。

德高人缘好　"善者康"，"仁者寿"。良好的人际关系是现代人身心健康的重要标志。因为他们乐于与人沟通、交流，常处于积极、热情的状态，使身心反应自如、思维敏捷、灵感奔涌、体内激素和其他生物活性物质分泌增加，血流循环及神经调节良好，有助于化解自身的烦恼和压力。好人缘者讨人喜欢、受人爱恋，因而常有温馨感、甜蜜感，从而促进大脑产生更多的内啡肽，而这种天然的"镇静剂"则能消除紧张感，增强免疫力。

德高快乐多　德行好的人，读书至乐、创新生乐、助人为乐、运动添乐、活动聚乐、交友融乐、艺术升乐、知足常乐，可谓快乐多多。尤其是"助人为乐"，"予人玫瑰，手有余香"，在助人过程中获得别人的感激和热爱。这种充满温暖和美感的"外在道德评价，"能使一个人的内心"生机盎然"，健康长寿。

德高寿命长　孟子曰："吾善养吾浩然之气。"《易经》说："君子终日乾乾，夕惕若，厉无咎。"品德高尚的人，在日常生活中无时无刻不在培养着自己的浩然正气，行为举止皆有法度，居善地，心善渊，与善仁，言善信，政善治，事善能，动善时。中医认为："正气存内，邪不可干。"一个人的身心充满浩然正气，自然百骸经络畅通，心情愉快，百病难以近身，故而健康长寿。因此说，德为修身养性之首。

中医典籍《黄帝内经》中的养生观主张顺应自然规律，遵循天道，《大学》的"格物致知"也是通过"格物"来掌握天道，所以养生也可以通过"格物"来明白天道、掌握天道，从而用道来指导养生实践。"四书"的修身行为强调道德修养，此有助于体会到"恬惔虚无"的精神境界，有助于调理身心，而修身行为本身也是养生的实践。

仁德润身　德高寿长

修身养生首先要推崇孔子提倡的"大德必寿"的思想。孔子（公元前551—公元前479），名丘，字仲尼，春秋时期鲁国人。他不仅是我国春秋末期伟大的思想家、教育家，儒家学派的创始人，还是古代著名的养生大家。我们都知道，孔子被历代尊为"圣人"，是中国文化史上的一座丰碑，对我国思想文化的形成与发展产生了巨大而深远的影响。同样，在健康养生方面，这位万世师表也给我们留下了一笔宝贵财富。

《论语》中的哲学是一种以"仁"为核心内容的道德哲学，其养生学说从一开始就被纳入道德修养的范畴，《论语·雍也》中提到的"仁者寿"观点，可以说是孔子养生思想最为集中的体现。修身同时还要重视养生实践。生命有物质和精神两部分，两者协调好了才能真正拥有健康的生命。只有去除对物欲的贪奢和诱惑，追求内心的充实与安宁，顺应宇宙之规律，身体才能健康，病患才能最少。

《论语》把生命看作实现理想的载体，所蕴含的养生思想是儒家基本思想的反映，养生的目的是要实现"经世济民"的政治抱负。从养生角度看，《论语》始终把道德修养置于养生的中心位置，重视人格修养，但也不排斥身体锻炼和雅趣怡情，而是讲求形神兼备，内外兼修，"君子之仕也，行其义也"。只要遵循伦理原则，任何方面的社会生活都可以使个人的价值得以实现，仕与不仕，并非是妨碍一个人成名的决定性因素。《论语》的入世精神与实现人生价值、社会责任感有关，所以其人生价值就是不断学习，提升自身的道德修养和精神境界，对人和社会产生积极正面的影响，而不是物欲享受。在这种健康的生命价值观念的指导下，才会产生出健康的养生观念。

对于养生，古人认为"恬愉"、"恬恢"符合人之本性，有助于保养生命。在《先进》中，孔子赞赏他的学生淡泊名利、与世无争的思想，也表达了对自在生活的向往："'暮春者，春服既成，冠者五六人，童子六七人，浴乎沂，风乎舞雩，咏而归。'夫子喟然叹曰：'吾与点也。'"

对于修身养性，《论语·学而》说："君子食无求饱，居无求安。"《论语·雍也》说："知之者不如好之者，好之者不如乐之者……知者乐水，仁者乐山；知者动，仁者静；知者乐，仁者寿。"对于功名，《论语·述而》说："饭疏食，饮水，曲肱而枕之，乐亦在其中矣。不义而富且贵，于我如浮云。"《论语·微子》说："柳下惠为士师，三黜，人曰：'子未可以去乎？直道而事人，焉往而不三黜；枉道而事人，何必去父母之邦。'"都反映了君子恬谈坦荡的人生态度。

孔子的养生主张与"仁"一脉相承，他说"知者乐，仁者寿"，认为品德高尚是长寿的一个重要因素。他还从自己的生活实践中总结出了许多养生方法，诸如心胸开阔，能容人所不容；生活有规律，注意饮食起居；自强不息，用音乐颐养性情等，到今天还被人们广为提倡。据史料记载，孔子享七十二岁高龄，比当时鲁国的人均寿命高出许多，这在当时的社会条件下可以说是高寿了。

孔子主张"仁德润身"，即提高自身的道德修养，以达到长寿之目的。他的这一主张，把修身和修心结合得更加紧密。《论语·雍也》中说："知者乐水；仁者乐山。知者动，仁者静；知者乐，仁者寿。"意思是：聪明人的快乐，就像水一样，是活泼、清澈的；仁爱者的快乐，就像山一样，崇高而宁静。聪明人不断探求知识，思维是不断运动的；仁爱者有涵养，看事情是冷静的。探索知识可以获得快乐，宁静有涵养，心境平和则会长寿。

在孔子看来，有德之人，很注重品行的修养和自我人格的完善。这样的人永远心地光明，性格淳朴，仁慈宽厚，精神爽朗，而邪妄之气难以侵入，故有益于健康长寿。小人则相反，处处计较，时时算计，一心为自己打算而不顾他人的境况，这样的人必然耗心伤神，有损于身心健康，难以长寿。所以孔子说"大德必寿"。

孔子不仅要求别人这样做，自己也身体力行。《论语》中的孔子形象，是位仁慈和蔼的长者。他品德高尚、思想深沉、学识渊博、举止端正、勤勉好学、诲人不倦，孔子自己就是"仁者寿"的典范。正如西汉董仲舒说的"外无贪而内清净，心和平而不失中正，取天地之美以养其身"，这样的人自然气血调和，不易发生疾病。孔子认为人有"三死"：疾病死，服刑死，争战死。因这三种方式死的人都有道德上的欠缺："寝处不适，食欲不节，逸劳过度者，疾共杀之；居下位而上干其君，嗜欲无厌而求不止者，刑共杀之；以少犯众，以弱侮强，忿怒不类，动不量力，兵共杀之。"所以孔子一生都十分注意养德立德。

齐景公见到孔子，仰慕他的才学与人品，准备将凛丘那个地方送给他作养生之资，但孔子婉言谢绝。他的学生问他为什么不接受，他说："无功受禄不可为，不义之财不可受。不义而富且贵，于我如浮云。"

可见，仁者就是要像孔子这样，不仅要有一颗博爱之心，还要胸怀广阔，淡泊名利，保持精神的平衡和健康，这些都是长寿的根本。道德健康的人，善良正直，与人相处时心地坦荡，遇事出于公心，凡事为大家的利益着想，没有私心，这样便心无烦忧，吃得香、睡得好，能促进体内分泌一些有益的激素、酶类和乙酰胆碱等。这些物质能把血液的流量、神经细胞的兴奋程度调节到最佳状态，从而提高肌体的抗病能力，促进健康长寿。

思想道德不高尚的人，往往利欲熏心，贪欲过头，整天挖空心思为自己谋利益，经常做些损人利己的事，并且还要费尽心机去掩饰自己，防备别人报复、躲避舆论的谴责和法律的制裁，整日提心吊胆，心弦紧绷。这种不良心理易引起身体各种免疫功能下降或失调，损身折寿。随着生活水平的不断提高，道德修养显得更加重要。因为，一个人的道德健康，豁达开明，不为金钱、名利所累，才能活得轻松、快乐。

《论语·子罕》中说："知者不惑，仁者不忧，勇者不惧。"意指：真正有智慧的人，遇事不迷惑；真正仁爱的人，不因环境不好而患得患失；真正勇敢的人，坚持正义，没有什么可畏惧的。生老病死是自然法则，人生的路虽然各有不同，但都不是一帆风顺的。正如梁启超所说："盖人生历程，大抵逆境居十六七，顺境亦居十三四。"人生在世哪有不遇到困难的，如何对待呢？就得做到"仁者不忧"，不怨天不怨天尤人，无论顺境逆境都能坦然面对。仁者都有一份悲天悯人的胸怀，心存大慈悲，对个人的得失计较得少了，不会整天戚戚于一己的贫贱富贵，只有这样才能心境坦荡、精神平和，消除焦虑的情绪以保持健康的身心。

养生是要提高生命的质量，达到精神的完满和自由，而德是不可或缺的。因为仁德可润身、以德增寿，这是孔子留给我们的养生要旨。一个人心胸宽广，就能及时排解、转化自己的怒气，把影响健康的不良情绪清除掉，保持心情的平静和稳定。心情舒畅便会以礼待人，人际关系就会融洽，就可以防病治病，有利于身心健康。相反，精神紧张，对人不友善，就会激发体内肾上腺素的大量分泌，导致呼吸急促，血管收缩，心跳加快，对健康是没有好处的。

一般来说，急躁、易怒的人更容易患心脑血管疾病，如高血压、中风、冠心病、心肌梗塞等。而坦荡、不善计较的人在健康上则占很大优势。他们善于排遣不良情绪，不管激动还是悲哀，都不会在心里停留太久；他们善于转移注意力，遇到不开心的事时，不是沉浸其中，而是积极寻找突破口，就像一个人在阴暗之处感觉冷了，便走到阳光下那么自然；他们还善于摆脱困境，心底无私天地宽，他们的精神不像一块石头那么沉重，而是如一片白云那样悠然自得。

提起古人养生之道，就不得不提晋代葛洪的《神仙传》。他在书中记述了很多关于古代仙人的事迹。其中，彭祖大概是我们所知道的中国历史上最长寿的人了。我们常用的寿辞中就有"福如王母三千岁，寿比彭祖八百春。"他的养生论是非常值得后人探讨的。

彭祖，是上古五帝中颛顼的玄孙。他经历了尧、舜、夏、商诸朝，到殷商末纣王时，已七百六十七岁，相传他活了八百多岁，是世上最懂养生之道、活得最长的人。

彭祖生性恬淡，不关心世俗名利，不追求虚名荣耀，而是专心致志地讲求养生之道。他的师傅撰写了《九都》等养生的经书，他都潜心研究，融会贯通，学以致用。彭祖经常服用水桂、云母粉、麋（麋鹿）角散，使得颜面长葆青春。他经常盘腿危坐，凝神屏气地练功。从早晨坐到中午，调理气息，揉拭双目，摩挲身体，周身舒适后才起来行功。他脸无怒容，笑口常开，生病或疲劳时，他会运用气功却病，消除疲劳。他使内气潜转，从他生有九窍的特殊头面，直到五脏六腑，最后达到四肢毛发，那气流像轻云一样在体内流转，既驱除疲劳又治愈疾病。

商纣王听说彭祖寿命很长，想获得长寿秘诀，多次登门询问，彭祖每次都借故推辞。纣王便托另一位得道的采女去向彭祖请教。这个采女也精于修身养性，当时虽已二百五十岁，但看上去依然如二八妙龄。采女受纣王之托，她虔诚地向彭祖请教延年益寿的仙方。彭祖见采女有一定的根基，便答道："要想升天，进入仙界，能驱遣鬼神，凌空飞行，就得服用金丹，像元君太一白日升天那样。对于这一点，我见闻短浅，恐怕不能够教你。大宛山有个青精先生，听说已有千岁，面相还跟儿童一样，每天步行五百里以上；既能整年不吃东西，也能一天大吃九顿。他精于养生之道，真值得问问。"

采女问："青精先生也是得道的仙人吗？"彭祖说："他是得道者，但不是仙人。仙人虽然能长生不老，但已经完全失去了人的真性。得道者则不然，他们体魄强健，容貌光润，老而不衰，长在人间。寒热风湿不能伤害，鬼神精怪不敢侵犯，疾病灾害不能近身，嗔喜毁誉不能所累。其实，人的生命，只要保养得当，都可以活到一百二十岁，稍为懂得点道，能活到二百四十岁；懂得多点，可活到四百八十岁；如果精通于养生之道，即能不死长寿了。保养寿命之道，用一句话来概括，就是不要伤害性命而已。"

讲到这里彭祖顿了顿，又接着讲下去："冬天保暖，夏天避暑，一年四季随时调节，就能使身体舒适；美色娇躯，淡淡地品尝娱乐，不要纵欲过度，就能使精神通畅；车马服饰能维持尊严，就应知足；不要贪得无厌，就能使志向专一；八音奏鸣，五色相宜，听觉视觉和悦欢乐，就能使心气平和，这些都是养生之道。凡事都有限度，超过限度，就不能养生，只会招来祸患，这是应忌讳的。"

彭祖继续说道："伤身害性的事情很多。用脑过度伤人，忧虑悲哀伤人，极度高兴伤人，愤怒郁结伤人，汲汲追求伤人，阴阳失调伤人……避开各种伤身之事，顺着天地阴阳之道，人就可以长生不老了。我师傅写了《九都》诸经，共一万三千多字，都是养生保寿的要诀，专给入门的人揣摩的，我今天全部传给你。"

采女回到天宫，对纣王复述了彭祖的话和《九都经》，纣王亲自效法后，果然灵验，他害怕别人也掌握这种养生长寿之秘诀，就下令在国内禁止传授彭祖的道术，违令者斩。他还想害死彭祖，彭祖事先预知了纣王的险恶用心，早早便离了。而纣王并不能经常坚持彭祖传授的道术，却也活了三百岁，身强体健，犹如五十岁的样子。

后来有个叫黄山君的人，精修了彭祖的养生之道，几百岁了依然面色红润，童颜鹤发。他把彭祖的言论整理并加以阐发，编成了一本《彭祖经》。彭祖去后，人们在历阳曾经修建彭祖仙室，百姓们前去祷告，求风雨祛疾病，无不灵验。

我国著名的绘画大师刘海粟在他百岁寿辰时写了一副对联："遍历五大洲四海风云，横跨三世纪百年沧桑。"这并非豪言壮语，而是刘老一生的写照。他的百年人生充满了动荡，尤其是"文革"时期，刘老承受着精神和肉体上的折磨，家宅被封，珍贵画作被弃之如敝屣，他只有一条走廊安身。可刘老宠辱不惊，吃得下、睡得着，还安慰朋友说："天总是要晴的。"刘老最喜欢《小窗幽记》里的一副对联：宠辱不惊，看庭前花开花落；去留无意，望天空云卷云舒。长寿之人必有长寿之道，这副对联就是百岁老人刘海粟的"长寿经"。

淡泊物欲　调养形体

《黄帝内经》主张淡泊物欲调养形体。正如《素问·上古天真论》所言："恬淡虚无，真气从之？内无思想之患，以恬愉为务，以自得为功，形体不敝，精神不散。"这种观念，在《老子》、《庄子》、"四书"中皆有体现。《老子·

三章》云："是以圣人之治，虚其心，实其腹，弱其志，强其骨。""为无为，则无不治。""虚"是指去除追逐名利等外物的欲望。统治者淡泊，人民就不会起贪求的欲望，安居乐业保养身命，无贪着与志求之心，社会就可以安定。《老子·八十章》曰："甘其食，美其服，安其居，乐其俗。"儒家修身内容为治国平天下，讲究社会性。虽然从文字上看《黄帝内经》与"老庄"的某些内容非常接近，但从实践角度出发，"四书"的修身之意更易于理解和实践。（"四书"指《论语》《中庸》《大学》《孟子》。）

　　《大学》的"格物致知"是指知"道"，因为"物"是遵循天道、反映天道的，而养生之道的"道"也是天道，所以养生也要求掌握天道，即"格物"。《大学》认为"德者本也，财者末也"；"仁者以财发身，不仁者以身发财"。"身"是"身命"，即性命，修身既修心也修体，修心自然修体。

　　"中庸"之"中"的基本含义是保持正确的做法，也是反映了遵循天道、大自然的基本规律。《中庸·第二十章》曰："诚身有道，不明乎善，不诚乎身矣。"意思是通过学习可以知善，通过知善可让自己达到"诚"，并达到与道相应的思想境界。《中庸·第二十一章》说："自诚明，谓之性；自明诚，谓之教。诚则明矣，明则诚矣。"由真诚而明白道理，叫做天性；由明白道理后做到真诚，叫做人为的教育。《老子》的"绝学无忧"是在主张"自诚明"，《论语》的"学而时习之"是在主张"自明诚"。而《孟子》的"尽其心者，知其性也，知其性，则知天矣"，也是主张"自诚明"。《中庸·第二十章》曰："故为政在人。取人以身，修身以道，修道以仁。仁者，人也，亲亲为大。义者，宜也，尊贤为大。亲亲之杀，尊贤之等，礼所生也。在下位，不获乎上，民不可得而治矣！故君子不可以不修身。思修身，不可以不事亲；思事亲，不可以不知人；思知人，不可以不知天。"古人认为天道、天理是最根本的道理，智慧、学识都要受获于天，懂得天道，才能知人、知亲，才能完善自身，处理好各种关系，做好社会角色，同时规范自己的养生行为。

"四书"的修身行为促成了"恬淡虚无"的精神境界。《大学》云："大学之道，在明明德，在亲民，在止于至善。""欲修其身者，先正其心；欲正其心者，先诚其意；欲诚其意者，先致其知；至知在格物。"认为格物、意诚、心正是修身的最有效方法，而修身的目标则是明明德、亲民、止于至善。修身的作用是去除偏见、偏颇之心，即"正心"，方法是"仁、敬、孝、慈、信"，过程是"止（至善）、定、静、安、虑、得"。诚其意：自谦（慊），慎独。人之视己，如见其肺肝然，诚于中，形于外。这说明"身"指的是精神境界、精神方面。身是思想行为，包括语言表达，这是精神修养的外在表现。"修身"是长期的、持续一生的过程，有学者认为，儒家的"修身观"有明确的目标及实现目标的具体方法与阶段性标准。如《大学》明确了君子之道的三纲领（大学之道，在明明德，在亲民，在止于至善），并指出实现纲领的方法，即"格物、致知、诚意、正心、修身、齐家、治国、平天下"，他们认为，若按照这一进程学习、实践，最后就可以达到"至善"的境界。《素问·上古天真论》说："恬淡虚无"，"美其食，任其服，乐其俗，高下不相慕。"即是主张淡泊物欲，安处其位，各司其守，修正自己，以对周围产生正面影响，从而养心养神，"真气从之"。随着社会的进步，人类文明的发展，外在诱惑、享乐方式也逐渐增多，越来越多的人会远离大自然。这样一来，就会被外物所累，伤神损命。同时，人的社会性也逐渐增强、自然性随之减弱。

修身养性　恬淡虚无

《素问·上古天真论》云："恬淡虚无，真气从之；精神内守，病安从来。是以志闲而少欲，心安而不惧，形劳而不倦，气从以顺，各从其欲，皆得所愿。故美其食，任其服，乐其俗，高下不相慕，其民故曰朴。是以嗜欲不能劳其目，淫邪不能惑其心，愚智贤不肖，不惧于物，故合于道，所以能年皆度百岁而动作不衰者，以其德全不危也"。

《黄帝内经》开篇即揭示健康长寿之道关键在于守自然之真、天然之真。"恬淡虚无"、"淳德全道"体现的是对自然无为的追求。中医重视精神调摄，其核心为修身养性，健康长寿当以自然平常之心不可刻意求之，所谓"以恬愉为务"，"美其食，乐其俗"，平静平和的心态有益于健康。陶弘景主张形神双修，养神与炼形同等重要，认为这两方面修炼到特定境界，便可得道升仙、长生不死。在陶氏的养生实践过程中更重视道德修养的作用："今且谈其正体，凡质象所结，不过形神。形神合时，是人是物。其非离非合，佛法所摄；亦离亦合，仙道所依"。

陶弘景特别注重心性的修养对延年益寿的重要性，认为"罪莫大于淫，祸莫大于贪，咎莫大于僭。此三者，祸之车，小则危身，大则危家"，提倡"十二少"，即"少思、少念、少欲、少事、少语、少笑、少愁、少乐、少喜、少怒、少好、少恶"，反对"十二多"，即"多思则神殆，多念则志散，多欲则损志，多事则形疲，多语则气争，多笑则伤藏，多愁则心慑，多乐则意溢，多喜则忘错昏乱，多怒则百脉不定，多好则专迷不治，多恶则憔煎无欢"，倡导清心寡欲以加强自身修养，保持内心清净。若能做到少私寡欲、虚静无为，人自然能延年益寿。分析陶弘景所提出的"十二少""十二多"，多数内容都与品性修养有关，强调修身养性在养生中的关键作用。

孙思邈对修身养性也有全面系统的论述，在《备急千金要方》辟有专卷以论养性之道："夫养性者，欲所习以成性，性自为善，不习无不利也。性既自善，内外百病皆悉不生，祸乱灾害亦无由作，此养性之大经也。善养性者，则治未病之病，是其义也。故养性者，不但饵药餐霞，其在兼于百行，百行周备，虽绝药饵，足以遐年。德行不充，纵服玉液金丹未能延寿。嵇康曰：养生有五难，名利不去为一难；喜怒不除为二难；声色不去为三难；滋味不绝为四难；神虑精散为五难。五者必存，虽心希难老，口诵至言，咀嚼英华，呼吸太阳，不能不迥其操、不夭其年也。五者无于胸中，则信顺日跻，道德日全，不祈善而有福，不求寿而自延，此养生之大旨也"。

我们现实生活中遇到的很多问题，大多与不能自觉控制自己的欲望有关，以致引发行贿受贿等各种社会问题。所以品德修养不仅仅是个人问题，更是一个社会问题。我们身处一个物欲横流的时代，该如何抵御来自各方面的诱惑？但愿药王的养性之论仍能让我们萦怀于心，警钟长鸣。

　　道教医学强调修身养性，恬淡寡欲不为物累，形成心性之学，不仅丰富和发展了传统养生医学，在今天仍对我们的养生保健有指导意义。只有修身养性，从道德上提升自己、完善自己，才能使人们远离财富、地位、物质享受的诱惑。从社会层面上来说，提升个人的道德修养，也是提升社会道德的必由之路。

　　纵观祖国历史，许多文学家、科学家大多涉猎祖国医药学又善于养生。特别是宋代，文人涉猎医学、编撰方书、热衷于养生的风气尤为盛行，是历代文人墨客不可相比的。他们继承发扬了我国传统的养生理论，为后人留下了丰富的养生典籍和一系列宝贵的养生经验，形成了独具特色的养生观。笔者对宋代文人养生之盛况及缘由试作初步探讨，旨在使人们能够进一步了解宋代养生思想，从而为今人的养生保健、延年益寿，提供有益的经验和启迪。

　　自古以来，世人皆希望延年益寿，各个朝代养生名家层出不穷。宋代由于政治、经济、文化、哲学、医学乃至艺术等诸多因素的影响，上至皇帝，下至平民百姓及僧侣、道士，没有不热衷于养生的。尤其是文人，养生热情更为高涨，像苏轼、陆游、王安石、欧阳修、沈括、朱熹、范成大、杨万里、李清照、辛弃疾、蒲虔贯、苏洵、苏辙、程颐、程颢、谢良佐等，呈现出群体养生的局面，形成了宋儒养生流派，这是前代文人所没有的。

　　养生类诗词文赋体裁丰富，并形成各具特色的养生观。一代文豪苏轼对医学、养生学就颇有研究，著有《苏学士方》，后人将其与沈括所著的《良方》合刊，称作《苏沈良方》，流传至今，经久不衰。苏轼提出了"安"与"和"的养生观，"安则物之感我者轻，和则我之应物者顺"。陆游是我国诗坛上少见的寿星之一，提出了"固守元气"的养生观，另外其《剑南诗稿》中也有大量关于养生的诗，"养生孰为本，元气不可亏"（《剑南诗稿·杂感之五》卷五十四）。欧阳修在《删正黄庭经》序里提出"以自然之道，养自然之身"的理论，他认为"劳其形者长寿，安其乐者短命"。王安石提出了"保命养形"观，在《临川集·礼乐记》中写到"养生在于保形，充形在于育气"。蒲虔贯提出了小劳养生观，其《保生要录》曰"养生者，形要小劳，无至大疲。故水流则清，滞则污"。朱熹的理学文化含有丰富的养生思想资源，非常重视养气、养心，提出"气聚则生，气散则亡"的观点。程颐、程颢兄弟提出"动静结合"的养生观，其《二程集》曰："动静皆宜，所以养生也。"辛弃疾熟知中医中药，把淡泊名利，知足常乐作为养生主旨，其《最高楼》有"吾衰矣，须富贵何时？富贵是危机……待葺个园儿名佚老；更作个亭儿名亦好。闲饮酒，醉吟诗。"表达了自己对富贵名利不屑的情感。周敦颐《太极图说》中提出了"中正仁义而主静"的养生主张，谢良佐提出了"心与天地同流，体与神明为一"（清·黄宗羲《宋元学案》卷二十四）的观点，杨万里认为"神者气之灵"，"气始而息息者，生之徒；气终而消消者，死之徒。"苏洵注重节制情感："一忍可以支百勇，一静可以制百动"等，这样的例子不胜枚举。

　　另外，宋代文人在思想意识方面把儒家的进取、道家的超脱、释家的圆通融会为一。"以佛修身，以道养生，以儒治世"（宋孝宗《三教论》）的思潮在文人中广为流传，并构成他们的思想基础。他们一方面受儒家"天下兴亡，匹夫有责"的熏染，修身齐家治国平天下；另一方面受道家超然物外、明哲保身等思想影响，学会怎样在世道艰险中保护自己，不去无谓地牺牲生命。此外，谈禅已成为当时文人士大夫普遍而时髦的风气，王安石、苏轼、黄庭坚等很多人都雅好此道。在生活上提倡随缘任运、自适其适；对待功名的态度是"可取则取，不可取则忘"；在官场失意时多能以乐观、爽朗的态度对待，显得超脱旷达。

积德行善　善而长生

人的道德表现有善有恶，所以人的命运也有好有坏，寿命有长有短。道德修养一方面是个人性情的修养，另一方面则是行善积德。为善而生，这就是道教所宣扬的修养原则，善则长生成仙，恶则与仙无缘，虽有些迷信，但其提倡的"积德行善"等理念，还是值得今人借鉴的。

《老子想尔注》中明确指出善恶之行是关系到人的生命健康的关键所在："夫欲宝精，百行当修，万善当著，调和五行，喜怒悉去。"指的是行万善可以保精，从而获得身体健康。反之经常作恶，不积累善行，会有损健康，致使遭罹百病。葛洪提出养生要"解承负之责"，而其具体方法则为"守一"。何谓"一"？《太平经》最早视"一"为"道"："一者，数之始也；一者，生之道也；一者，元气所起也；一者，天之纲纪也。"故此，"守一"，即为守"道"，并且《太平经》认为"守一"可提升自身道德，"守一之法，为善，效验可睹"；"守一之法，外则行仁，施惠为功，不望其报。忠孝亦同"；"守一之法，内常专神，爱之如赤子"。不难看出，《太平经》此处所指的"守一"即为积德行善。《太平经》多篇提到了善恶报应，指出自然界会对人的善与恶之行做出赏罚："夫天地之性，自古至今，善者致善，恶者致恶，正者致正，邪者致邪，此自然之术，无可怪也。"上天对于人们所行之善恶做出的惩罚就是寿命的长短："行善正，则得天心而生；行恶，失天心，则凶死"，"善自命长，恶自命短"，"行善可尽年命，行恶失长就短"。行善就会延寿，行恶就会减寿，故此若想追求健康长寿就应该多积德行善。因此《太平经》宣扬善恶报应，鼓励人们积德行善："人心善守道，则常与吉；人心恶不守道，则常衰凶。"

孙思邈引老君语："人行阳德，人自报之；人行阴德，鬼神报之。人行阳恶，人自报之；人行阴恶，鬼神害之。"

陶弘景则提到了若善恶报应在当世没有实现，则是另有原因："人修善积德而遇其凶祸者，受先人之余殃也；犯禁为恶而遇其福者，蒙先人之余福也。"

高濂认为："积德积善，不知其善，有时而得用。弃礼背义，不知其恶，有时而蒙害。"指行善积德的因果报应可以造福后代，不但解决了人们对福祸报应不能当时兑现的困惑，还使人们坚信善恶报应终将到来。与此同时，又强调积德行善不能汲汲追求，要学会"邀名延誉"，否则只能是徒自劳扰。正确的做法是："修德行义，守道养真，当不言而躬行，不露而潜修。"

历代道医不厌其烦，谆谆教诲，其目的是告诫人们要多行善事，少行恶事，其社会教化意义深远。晋代道医葛洪的养生实践其实就是对道德养生的一种实践。他一生坚持在民间行医，为百姓解除疾困，其医学著述《备急肘后救卒方》成书的动机也与其积累善行以期冀成仙有着直接的关系。在葛洪看来积德行善是成仙的前提条件，善行积累的多寡，关涉成仙之大要："人欲地仙，当立三百善；欲天仙，立千二百善。"要求行善之人不可有求回报之心，否则行善也无益延长人的寿命。同时还指出要不断积累自己的善行，并不可中断，否则会前功尽弃："若有千一百九十九善，而忽复中行一恶，则尽失前善，乃当复更起善数耳。故善不在大，恶不在小也。虽不作恶事，而口及所行之事，及责求布施之报，便复失此一事之善，但不尽失耳。"

葛洪还指出，即便最终不能成仙，积德行善也可获得健康："积善事未满，虽服仙药，亦无益也。若不服仙药，并行好事，虽未便得仙，亦可无卒死之祸矣。"葛洪因为看重积德行善对于健康长寿的重要性，所以才质疑彭祖长寿之事实，认为其"善功未足，故不能升天耳"，以警醒世人多行善事。

修道成仙并不是葛洪倡导积德行善的唯一目的，重要的是警示世人行善对健康的重要性。由葛洪开始，道教医学养生进入了一个更高层次，即注重社会伦理道德养生。一个人只要心地纯正，关心社会，多做善事，即使不能成仙，也能获得身心健康，其社会教化意义影响深远，在理论上完善了中国传统的道德健康观。

伦理养生 顺应规律

伦理养生也是以德养生的重要内容。据考证，伦理养生始于唐代。唐代是我国最繁盛的朝代之一。天下太平，百姓安居乐业。人民的物质生活富裕了，对健康的需求越来越高。因此，"养生"成为当时全民热衷的事。对于养生的追求和向往，可归纳为对个人素质的提高。通过家庭的改善来影响每个成员，从而使家庭整体素质提高。据《备急千金要方·养胎》中记载："庶事清净，生子皆良，长寿忠孝，仁义聪慧，无疾。"这说明母亲在怀孕时和孩子出生后都对其有很大的影响，强调母与子的"关系"。另有《要方·求子第一》："若是四时节气为病，虚实冷热为患者，故与丈夫同也……其杂病与丈夫同也……"孙思邈在《求子篇》就提出了夫妻患病，而且直接指出："凡人无子，当为夫妻俱有五劳七伤。"可以看出夫妻"关系"的重要性，说明古人很早就知道"夫妻病"，直接表明这种疾病的发生由共同的生活方式和心理因素所导致。

孙思邈将夫妻养生的方药记录了多个篇章，以此预防多种夫妻疾病的发生。足见孙氏对养生影响家庭或家庭影响养生的体悟达到了极致。唐代养生家认为房中男女之事本身就是自然而然的事情，天地与人相应，阴与阳交合才能产生万物；女与男交合才能有新的生命。这就是自然规律，顺应规律有助于"长生"。因此孙氏指出："年未六十，当闭精守一为可尔否？男不可无女，女不可无男。无女则意动，意动则神劳，神劳则损寿。"孙思邈只是强调不要思想上过分抑制性欲，他认为疾病的根源就是纵欲。因此要想长寿则务必遵循"非欲务于淫佚，苟求快意，务存节欲，以广养生也"的原则。因此节欲保精也是养生的一大要务。唐代养生家强调把握精神和生理的关系。唐代养生思想敢于直面房中养生之事，由此推动了中医养生学的发展，为后世房中养生做出了很大贡献。

★ 名人养生谈

朱德：养生有"三宝"

朱总司令生于 1886 年，逝于 1976 年，享年 90 岁。他的保健医总结其养生"三件宝"——善制怒，性情超脱；调气血，书法棋艺；养体魄，酷爱运动。

善制怒

朱总司令天性乐观，胸怀宽广，不易冲动。试想，一位胸怀装得下浩瀚大海的人，怎能不长寿！

调气血

朱总司令一生酷爱书法。他认为，书法既是一种精神调养，又是独特的健身运动。晚年时，他坚持每天练半小时书法。"北华收复赖群雄，梦世入运常答风。自信挥戈能退日，江山依旧战旗红。"这首诗正是他豪情壮志的写照和保持身心健康的证明。

养体魄

体育锻炼也是朱总司令的长寿法宝。长期的军旅生活，让他时刻不忘运动。在延安时，50 多岁的他还在篮球场上灵活跑动；解放后，他依旧坚持散步、爬山和游泳；生活中，朱总司令也经常给自己创造锻炼的机会。步入晚年，他还特意把办公室、卧室设在二楼，为的就是增加运动量。工作人员考虑他年事已高，一天要多次上下楼，很不方便，打算帮他把卧室、办公室搬到一楼。朱总司令不仅没有同意还风趣地说："住在楼上，楼下吃饭，上上下下，强迫锻炼。"

刘伯承：读书让大脑年轻

刘伯承元帅被誉为"儒将"，不仅能征善战，还善于总结学习，有勇有谋。他享年 94 岁，是最高寿的开国元帅。

刘帅的长寿秘诀是打太极拳和著书立说。每天晨曦微露时，便能看到刘帅在院子里打太极拳，一套接着一套，动作规范，如行云流水，一招一式从不马虎。此外，刘帅还将大量精力投入到钻研古今中外的军事著作和第二次世界大战的案例中，并亲自审阅和撰写了 2000 多份军事教材。这种边读书、边写作的方法，能让大脑高度运转，使他在 90 高龄时，依然思维敏捷。

刘伯承元帅晚年时的饮食原则是"三高二低"，即高蛋白、高纤维素、高维生素、低脂肪、低糖。因此在他的食谱中，蛋白含量较高的牛奶、瘦肉、禽蛋、豆类，富含纤维素的水果、芹菜以及维生素含量较高的胡萝卜、动物肝脏等最为常见，而肥肉和精制糖则不受欢迎。

聂荣臻：长期保持标准体重

聂荣臻元帅享年 93 岁。面对疾病和生死，聂帅始终保持平和的心态。每当从病危中被抢救过来，他总会幽默地说："我又到阎王爷那里报到了一次，他还是不收留我，说我还有些事没做完，又打发我回来了。"

聂帅的饮食搭配非常科学。冬天，他爱吃涮羊肉，但每周只吃 1 次，而且主要涮青菜、蘑菇、豆腐、粉条之类的素食，羊肉较少。他还很注意运动健身，主要是散步，身体好时，每次走 1 个多小时，每天两次。80 岁后，他将每天的散步分成六七次，三餐前后及睡前，每次 10～20 分钟。会吃又会动，这也使他长期保持标准体重。除此之外，按时作息也是聂帅严守的规律。早上 6 点半起床，午休 1 小时，晚上 10 点睡觉，雷打不动。

叶剑英：足球跳舞都擅长

叶剑英元帅 1986 年病逝，享年 89 岁。他的人生座右铭是：抓紧时间工作，挤点时间学习，偷点时间休息。

叶帅学识渊博，兴趣广泛。他的养生之道来自于对文艺体育的热爱。在中国人民解放军中，叶剑英素以"诗帅"著称，18 岁时，叶剑英就写下了"放眼高歌气吐虹，也曾拔剑角群雄。我来无限兴亡感，慰祝苍生乐大同。"的豪迈诗篇。毛主席对叶帅的诗词也大加赞赏，1965 年在给陈毅的信中写道："剑英善七律，董老善五律，你要学律诗，要向他们请教。"

叶帅很重视运动养生。他出生在足球之乡广东梅县，本身也是足球健将。乒乓球、爬山、跳舞也是他的"拿手好戏"。抗战时期，延安物质生活虽很清苦，但精神生活却很丰富，每逢周末都要举行舞会，舞场上的叶剑英风度翩翩，舞技娴熟。此外，叶帅还十分注重饮食清淡，他认为，保证饮食中甜、酸、苦、辣、咸五味的合理调配，有益于健康长寿。

陈锐霆：以德养生问心无愧

陈锐霆将军 1906 年出生在山东省即墨市，1936 年秘密加入中国共产党，抗战时期，转战冀、鲁、赣、鄂等地，抗击日寇，屡建战功。1941 年率部起义，为反内战作出了特殊贡献。解放战争时期，率部参加了宿北、鲁南、孟良崮、豫东、济南、淮海、渡江、上海等十余次战役，战功卓著。全国解放后，陈老将军历任华东军区炮兵司令员兼南京炮校校长，军委炮兵参谋长、副司令员，第五机械工业部副部长，军委炮兵顾问等职。1955 年被授予少将军衔。于 2010 年 6 月 13 日在北京逝世，享年 105 岁。

对自己所走过的路，陈将军矢志不渝，无怨无悔。1992 年，一位从台湾来看望他的老同学，听说他当时的月工资才合 100 多美元时，十分惊讶地说："你生活得太清苦了，还不如当年在国民党军队当团长时挣得多。"陈老笑而对答："你看我这住房、专车和工作人员，都是公家分配的。算下来，我的待遇是很高的。"陈老还通过这位老同学，向台湾的朋友们呼吁："兄弟携手，为民族的复兴和统一大业，奉献我们的余生！"

陈将军百岁之时，依然身体健康、思路清晰、精神焕发，于是人们纷纷请教他的长寿之道。陈老总是说："我没有什么健康秘诀，更没有把养生的体会上升到'道'的境界，只是在生活中养成了一些比较好的习惯。人生几十年，长的百余年，不可能总是一帆风顺。重要的是，无论是处于顺境还是逆境，都要保持一个良好的心境和向上的状态。淡泊名利，顺其自然，知足长乐，这样就会乐在其中了。"

老将军心怀宽广，德行广大，从来记恩不记仇，但对自己要求却极为严格。在他的客厅里，有他自己手书的两幅座右铭："活到老，学到老，改造到老"。"中国共产党万年长青"。署名"党员陈锐霆"。老将军同军委一些领导同志有着几十年的友谊，关系也非同一般，但他常说："我不能为一些小事干扰他们的工作。"为此，他还特地作诗一首，用以表达自己的生活态度和养生之道："自寻乐趣，不找麻烦；找点事做，忙比闲好；坚持锻炼，动能抗老；对党无愧，检点怀抱；死后献尸，医学解剖。"

在陈老的客厅里，悬挂着张震将军写给他的百岁祝寿诗："义旗飘扬豫皖边，并肩作战斗敌顽。驰骋华东雄威展，献身神炮青史传。忠贞革命身心健，淡泊舒卷养颐年。战友情谊六四载，喜君寿高彭祖前。"这首诗是对陈老传奇人生的高度评价，也是两位老战友深情厚谊的真实记录。

★ 健康箴言

◎恬淡虚无，精神内守，真气从之，病安从来。

——《黄帝内经》

释义：一个人如果能做到无论何时都精神内守、淡定从容，疾病又从何而来呢？古人认为，人的精神活动与脏腑密切相关。《素问·阴阳应象大论》说："人有五脏化五气，以生喜怒思忧恐。"心"在志为喜"，肝"在志为怒"，脾"在志为思"，肺"在志为忧"，肾"在志为恐"。情志活动以五脏精气作为物质基础，而情志变化反过来也会对脏腑功能造成影响。

◎知足不贪，安贫乐道，力行趣善，不失其常，举动适时，自得其所者，所适皆安，可以长久。

——《道德真经广圣义》

释义：知道满足，不贪图名利，安于贫困，乐善好施，努力追求人格的完善，不违背做人的准则，言行举止合乎道德规范，不与人攀比，内心处于安定平和的状态，这样就可以健康长寿。

◎审万物出入之道，适阴阳升降之理，安养神气，完固形体，使贼邪不得入，寒暑不能袭，此摄生之大要也。

——《圣济总录》

释义：遵守自然界气候变化、季节更替的规律，适应阴阳消长、寒暑转化的节律，在内注重神气的保养，在外锻炼肌肉筋骨，这样病邪就无法侵入体内，冷热也不会引起疾病，这是养生应遵循的首要法则。

◎聚精之道，一曰寡欲，二曰节劳，三曰息怒，四曰戒酒，五曰慎味。

——袁了凡

释义：肾精充盛，方能健康长寿。养护肾精可从以下几方面入手：一要清心寡欲，纵欲过度会耗损肾精；二要劳逸结合，劳倦过度能损伤阴精；三要遇事不怒，怒火中烧则阴精暗灼；四要戒酒，狂饮无节制会伤及脾胃；五要饮食有节，过量进食肥甘油腻之物则反碍消化。

◎人之动，以静为主。神以静舍，心以静充，志以静宁，虑以静明。其静有道，得己则静，逐物则动。

——苏东坡

释义：人的一切生理活动，都应以静为主。在宁静的状态中，人的元气才能得到休养，心气才能充足，意志才能安宁，思虑才能明智贤达。要想达到宁静的状态必须遵循宁心寡欲则静，追逐名利则动的原则。

◎志闲而少欲，心安而不惧，无恚嗔之心，无思想之患，以恬愉为务，以自得为功。

——《黄帝内经》

释义：意志清闲而少欲望，心绪安详而无惧怕，心中没有怨恨愤怒，思想上没有忧患，以恬淡愉快为本，以自得其乐而功。只有做到以上几点，才能使"形体不敝，精神不散"，从而达到益寿延年之目的。

◎若能摄生者，当先除六害，然后可以延驻。何名除六害？一曰薄名利，二曰禁声色，三曰廉货财，四曰损滋味，五曰屏虚妄，六曰除沮妒。六者若存，则养生之道徒设耳。

——老子

释义：养生首先要除"六害"，然后才能延年益寿。怎样才能除"六害"呢？一是淡泊名利；二是勿纵欲过度；三是莫贪图钱财；四是节制饮食；五是莫痴心妄想；六是戒除妒忌之心。这"六害"若存在，那么养生就只是空谈。

◎养生大要，一曰啬神，二曰爱气，三曰养形，四曰导引，五曰合语，六曰饮食，七曰房室，八曰反俗，九曰医药，十曰禁忌。过此以往，义可略焉。

——《养性延命录》

释义：养生有十大要点：一是守护心神以防心猿意马；二是爱惜元气；三是护养身体；四是气功导引；五是言语适度；六是饮食调理；七是夫妻和睦，房事和谐；八是摒弃恶习陋俗；九是合理使用医药；十是宜忌得当。除上述以外的养生法，就不那么重要了。

★ 保健小贴士

◎牙龈出血要及时更换牙刷。

◎适量吃些花生有助治疗胃病。

◎胆固醇过高者少吃鱿鱼。

◎味精摄入过量会影响视力。

◎强忍泪水不利于身心健康。

◎酒后喝咖啡易导致血压升高。

◎哮喘患者起床后不宜马上叠被子。

◎喝豆浆时别加红糖，否则会影响吸收。

◎绿茶有助防治肝炎。

◎晚饭后两小时饮用酸奶最佳。

第二章
以仁养生，为修身健康之尊

　　"仁"是儒家文化的核心，也是修身健康之尊。孔子解释"仁"字时说："仁者爱人。"也就是说爱戴他人、惠及他人、贡献社会是"仁"的实质。仁爱有着广泛的含义，凡对人类进步做出积极贡献的人，都应归入孔老夫子"仁者"之行列。"送人玫瑰，手有余香"，具有仁爱之心的人，多能健康、长寿。"仁"的内涵有三：一是懂孝悌，孝悌是"仁"之根本。《论语·学而》有"其为人也，而好犯上者，鲜矣。不好犯上而好作乱者，未之有也。君子务本，本立而道生。孝悌也者，其为仁之本欤？"之说。二是要知"礼"，"礼"是对"仁"的实践。"人而不仁，如礼何？人而不仁，如乐何？"（《论语·八佾》）。孔子主张"克己复礼为仁"（《论语·颜渊》），减少自己的私欲，指的是用"礼"规范个人行为，使自己符合社会道德标准。三是要学习，学习是通向"仁"的道路。古人认为，天道、天理是最根本的道理，智慧、学识都要获于天，只有懂得天道，才能知人、知亲，才能完善自身，处理好各方面的关系，充当好自己的社会角色。

　　儒家文化以"修身，齐家，治国，平天下"为宗旨。文中"齐、治、平"是同义词，均是治理之义。"修身"的核心是"正心"、"诚意"，侧重自身品行、道德的修养，以达到"仁"之境界。四者之中尤重修身，人人注重修身，家、国、天下自然和谐、兴盛。

儒家少有关于养生的具体论述，而是将养生寓于"修身"之中。《论语》云："仁者寿。"是说有益于他人、有益于社会的人，都能长寿。对社会和他人做出贡献，自己也从中获得满足和快乐，这无疑会对身心健康起到积极的作用。

唐代名医孙思邈，对来诊病的人，无论贫贱富贵、老少丑俊，无论是朋友，还是仇人，都将其视为亲人，为后世树立了医德的楷模，可谓医者仁心。亦有学者考证孙思邈享年 120 岁。至今陕西、河北等地，尚建有孙思邈的祠堂，尊称孙氏为"药王"，以缅怀这位苍生大医。

南宋诗人陆游，一生写诗九千余首，被世人认为是留下诗歌最多的诗人。陆游生逢金人占领北方领土、南宋小朝廷苟安于江南一隅，以避乱世。故其诗多以积极抗金、收复国土为主题，正气凛然，雄浑豪放，大有苏轼之风。其临终前著《示儿》一首，念念不忘收复北方领土，一生之志可知："死去元知万事空，但悲不见九州同。王师北定中原日，家祭无忘告乃翁。"陆游一生坎坷，仕途上又屡屡受挫，但他却能享年 85 岁，在古人中已属罕见。这得益于他一生以天下为己任的仁爱情怀。

儒家文化的两位圣人，孔子享年 73 岁，孟子享年 84 岁。民间认为 73 岁、84 岁是老年人的坎，是说圣人都活不过这样年龄，作为普通人，享有圣人的寿命，应是心满意足了。古时限于物资、医疗等生活条件，寿命普遍较今人短，故有"人生七十古来稀"之说。孔子、孟子在古人中，已是长寿的了。

已故国医大师裘沛然先生 92 岁高龄时，推出历时八年打造的绝笔作《人学散墨》，了却多年的心愿。《人学散墨》一书，旨在为先秦儒学，即"孔孟之道"正名。以孔孟为代表的儒家思想，本是东方智慧的象征，是全人类共有的精神财富。《人学散墨》中列举大量事实以论证孔孟的以人为本、以民为本的仁爱思想。《论语》中"苛政猛于虎"；《孟子》"民为贵，社稷次之，君为轻"，"君视民如草芥，民视君如寇仇"等，力图还孔孟一个清白。该书之旨是致力于传统文化的复兴，希望以"孔孟之道"教化民众，凝聚民心，重振中华雄风。

近代上海儿科名医董廷瑶，将书斋取名"幼幼庐"，无疑是取《孟子》"老吾老以及人之老，幼吾幼以及人之幼"之意。先生一生救人无数，享 99 岁高寿，可谓是对"仁者寿"的正确注解。

圣人和普通人之间的差别，没有人们想象的那么遥远。圣人首先具备普通人的正常情感，在此基础上，注重自身修养，陶冶情操，对人生的价值有了深刻的领悟，进而升华至关爱他人、忧国忧民为己任，并在某一领域做出重大贡献，便脱凡入圣了。

儒家思想的集大成者——孟子，也提出了很多有关"仁爱"的养生理论，并把"性善论"运用于养生，告诫人们应保留"赤子之心"、心存"浩然之气"，他还提出了"爱生而不苟生"的积极养生观，把仁义看得比生命还重要，认为必要时应该"舍生取义"，以保证生命质量和意义，从而唤起一大批仁人志士。他的"富贵不能淫，贫贱不能移，威武不能屈"也成为千百年来有识之士的养德名言。

赤子之心　浩然之气

在养生方面，孟子在继承和发展孔子"以德增寿"思想的基础上，又提出了两个对后世影响深远的概念：赤子之心和浩然之气。

孟子提出"人性本善"，认为人生来是善良的，具有恻隐之心、羞恶之心、恭敬之心、是非之心，即仁、义、礼、智等美好品质。很多人变坏是后天造成的，所以婴儿的心是最纯洁的，于是他提出"大人者，不失其赤子之心也"。认为有高尚品德的大人物，能永远保持婴儿般天真淳朴的心境，保持所有"善"的本性，这样就能躲开很多纷争扰攘，使精神轻松，身心健康。张景岳在《先后天论》中写道："唯乐可以养生，欲乐者莫如为善。"简明地道出了为善、快乐与养生之间的关系。孟子认为人的本性是善良的，而"赤子之心"则保留了一切善良本质，这些品质可使人生活得充实而快乐，并有助于长寿。

有关专家指出，如果你初见一个人，感觉他看上去比实际年龄小，而且性格开朗、为人真诚，愿意与他人接近，你就有理由推测他可能是个长寿的人。若通过进一步接触，你发现他光明磊落、热情，喜欢帮助别人，那么你就应该相信自己的推测，因为这些是长寿者具备的品质。而这正是孟子提倡的"赤子之心"。医学家对这些美好的品质做过研究，结果发现：诚实能使人活得坦然，进而保持最佳的心理状态，增加免疫系统的功能。私心重和爱说谎的人，体内会分泌一种使心跳加速、血压上升、白细胞数量下降的物质。虚伪的人经常处于紧张情绪中，会导致精神调节功能的紊乱。当人不怀好意和愤怒时，肾上腺素分泌就会加强、呼吸急促、心跳加快，严重时还会损伤心脑。所以医学专家建议，要多理解和善待他人，在自己被误解时，也要学会宽慰自己。因为宽厚、善良会使人健康长寿。

孟子颇富建树地提出了"浩然之气"的概念，《孟子·公孙丑上》中说："夫志，气之帅也；气，体之充也"，并说"我善养吾浩然之气"。他所指的"浩然之气"可理解为天地自然之正气和人心中之正气。如何才能养"气"呢？孟子认为要"配义与道"，即从儒家所谓的道义出发，培养良好的心理状态，心地正直宽大、光明坦荡，从而保持一种积极旺盛的精神状态。这是一种重道德、讲仁义的儒家养气法，养气的根本是以精神意志为主导，胸怀坦荡无私。心存浩然之气的人必然道德高尚，而良好的道德修养则有益人体健康，所以每个人都应"善养浩然之气"，心底无私天地宽。

孟子终生善养"浩然之气"，强调做人要"富贵不能淫，贫贱不能移，威武不能屈"，平时做事要处处以"义"作为规范，以此来调节自己的欲望和言行，使身心感到充实。孟子在当时的社会条件下活了 84 岁，实属难得，而他的高寿，则与其善养"浩然之气"有很大关系。

"医圣"张仲景，生于东汉和平元年（公元 150 年），卒于建安二十四年（公元 219 年）。当时，社会时局动荡、战乱频发、民不聊生、灾疫肆虐，就像"建安七子"之一的王粲在《七哀诗》中描述的："出门无所见，白骨蔽于野。"张仲景的家族原有二百多人，不到十年间竟只剩下三分之一，为此他立志学习医术。其所著的《伤寒杂病论》就是我国最早的一部理论结合实际的临床诊疗专著。张仲景认为，养生保健的宗旨在于"内养正气，外慎邪气"。他强调正气是养生之根本，任何一种养生保健方法的最终目的都是保养正气。张仲景提倡内养正气的方法主要是通过调养精神，采用养神畅志与立志修德相结合，既能让精神平和、乐观、愉快，又能对自己的生活充满信心、希望和乐趣，促使精神内守，真气存内，人体脏腑气血的功能也得到保障，即"五脏元真通畅，人即安和"，从而防病益寿。可见，孟子的"浩然之气"的理论得到了医学家的认可。

　　孟子所说的保持"赤子之心"和培养"浩然之气"，实际上是道出了提高道德修养的两种途径，是对儒家"大德必寿"养生观的进一步阐述。汉代董仲舒说"养心靠义"，"夫人有义者，虽贫能自乐；而人无义者，虽富莫能自存"。清代养生家石天基根据孟子这一思想提出了"善养生者，当以德行为主，而以调养为佐"的观点，并以常存安静心、正觉心、欢喜心、善良心、和悦心、安乐心为其养德要诀。高尚的道德情操的确使人心情愉悦，身心健康。长寿的人大都是"外无贪而内清净，心平和而不失中正"之人。在中国古代，自黄帝始，大凡圣贤之人都很长寿。据说黄帝活了120多岁，在他的教诲、影响下，他的后代也都很长寿。黄帝的儿子活了100多岁，孙高辛终年105岁，曾孙舜118岁，黄帝的第十八世代孙，也就是著名的周文王97岁。

　　中国传统养生学认为，疾病发生的主要内因之一是"七情"，即喜、怒、忧、思、悲、恐、惊。这些情绪波动过大，就会引发疾病。防止这种情况发生的最好方法莫过于提高自身的道德修养。现代养生学把立志养德看做是精神养生重要的调神养生法。像孟子提倡的那样，存赤子之心、养浩然之气，保持健康的心理状态，是养生保健的重要一环。心地善良、道德高尚、光明磊落、豁达大度，从中国传统医学的角度有利于神志安定、气血调和、精神饱满、形体健壮，是养生的佳径之一。现代生理学和生物信息反馈疗法的研究证明，良好的精神和心理状态能够影响内分泌的变化，改善人体生理功能，增强抵抗力，从而获得健康长寿。这些都是对孟子"善养浩然之气"养生思想和儒家"大德必寿"养生理论最好的诠释。

注意保养　长于思辨

孟子能够长寿，与他长期注意保养不无关系。他认为，人应该重视养生的问题，有意识地躲避伤害，养护自身。人固有一死，但也应珍重生命，不能自履危险。"苟得其养，无物不长；苟失其养，无物不消。"只要养护得法，才能能起到积极的效果。所以他平日非常重视对自身的保养，高寿也就是水到渠成的事了。

孟子用一个形象的比喻指出人们对自我保养的忽视："拱把之桐梓，人苟欲生之，皆知所以养之者。至于身，而不知所以养之者，岂爱身不若桐梓哉？"（《告子上》）对于一棵树，人们要照顾它，适时地修剪、浇灌，而对于自己的身体，却有人不知道爱惜和保养，这是不对的。孟子很重视生命，认为健康的身体是一切的前提，正因为如此，他才积极地去探索养生之道。

除了要注意对自身的保养之外，孟子还提醒人们养生要持之以恒。做任何事都要有恒心，否则就达不到理想的目的，养生亦如此。任何一种养生方法，不管简单还是复杂，都需要长期坚持，使之形成一种习惯，才能收到显著效果。孟子曰："一日暴之，十日寒之，未有能生者也"。偶尔心血来潮追求一下养生，热情没了依旧随心所遇，三天打鱼两天晒网，培养不成良好养生习惯。纵观古今，大凡在养生上有所建树的人，都有一种或多种终生坚持的养生方法。如果说养生有什么窍门的话，那就是坚持。

好身体在于平日的保养，和一点一滴的积累。任何质变都是在量变积累到一定程度时才发生的，想要一蹴而就那是不可能的。养生不怕没有好方法，就怕不坚持。只要有毅力，就能得到回报。

孟子养生的另一个方面是长于思辨。从他的文章中，我们就能感受到他敏捷的思维和严密的逻辑性。他是个乐于思考和善于思考的人，在诸子百家中，他素以擅长逻辑推理而著称。孟子早年游说列国，为了使国君采纳他的主张，他必须积极思考最有吸引力和说服力的表述方式。遇到反对他思想的人，经常要与之辩论。孟子的反应很快，旁征博引、层层推进，经常使对方口不能言，掌握辩论的主动权。晚年著书立说，更说明了他超凡的思维能力和逻辑性。

可以说孟子的一生都是在积极的思考中度过的。那么，勤于思考对养生有哪些好处呢？我们说大脑是人体的司令部，指挥着身体各项生命活动。为了锻炼身体我们要做各种健身操，同样的道理，思考就是一套健脑操。勤于用脑就能延缓大脑衰老，提高脑神经的灵敏性，就能保持生命活力。随着年龄增长和用脑量的减少，胆固醇等物质会慢慢存积在血管壁上，使大脑血流不畅，得不到足够的营养，造成记忆力减退，易疲劳等。所以多动脑、勤思考还是延缓衰老的好方法之一，做一个善于思考的人，就能如孟子那样，从中受益良多。

中国现代桥梁建筑的先驱茅以升先生享年93岁。他晚年仍精神矍铄，思维敏捷，84岁时还能把圆周率小数点后的一百位准确地背出来。他的养生之道是"健身求新，健脑求深"，要求自己"博闻强记、多思多问、勤于实践、勇于创新"。他在80多岁高龄时还做校外辅导员，多次为少年儿童做科普报告。他独创了"6＋2＞8"的学习法，即学习或工作6小时，思考两小时，充分开发大脑的潜能。这种勤于思考的养生方法使老人保持了旺盛的生命活力，老当益壮。

长寿是人们共同的愿望，但需要在生活中一点一滴地积累。我们应照顾好自己的身体，并给予悉心的呵护，并用好方法和好心情去滋养它，再如能持之以恒地坚持，长寿就不是梦想。

推己及人 与人同乐

我国古代哲学家，大都注意到了精神与肉体的关系，认为精神的愉悦是身体健康的前提，所以在传统的养生学中，修心更重于修身。孟子继承了这一传统，他的养生思想更是突破了个人的狭小范围，由"独善"发展为"兼济"。他说"老吾老以及人之老，幼吾幼以及人之幼"，强调"博爱""为仁"的一种心怀，认为这种高尚的品德是修心的关键。

孟子主张站在自己的立场去揣摩别人的需要，所谓"己所不欲，勿施于人"，同样，自己需要的，也可能是别人需要的。如果能以这种推己及人的思维方式去与人相处，去帮助和关爱别人，使自己有博爱的胸怀，就能经常获得精神上的满足。那么，孟子的这些主张对养生是否真的有好处呢？现代医学已为我们提供了佐证。医学实验证明，帮助别人有利于身体的健康。人们在做好事后，唾液中抵御感染性疾病的抗体免疫蛋白 A 的数量会明显增加，所以乐于助人者，心脑血管疾病和感染性疾病的发病率往往比较低。另外，关爱他人能促进人际关系和谐，而和谐的人际关系能使人获得精神上的平静和舒展，从而让神经、内分泌、心血管、消化等系统的功能处于最佳水平，对健康是非常有益的。

　　现实生活中也有很多助人者高寿的例子。唐代希迁禅师就是以德养生的代表之一。他慈悲为怀，一生助人无数。在南岳 23 年间，他教化了许多弟子，并影响了一方民风。他曾为世人开过一张药方："好肚肠一条，慈悲心一片，温柔半两，道理三分，言行要紧，中直一块，孝顺十分，老实一个，阴骘全用，方便不拘多少。"人们称之为"奇药"。希迁禅师德高望重，深受弟子和百姓的爱戴。他在 91 岁时无疾而终，后人为他建塔立碑，人称"天际大师"。

　　著名华侨陈嘉庚先生，一生爱国爱民，被毛泽东主席誉为"华侨旗帜，民族光辉"。陈先生 1961 年在北京逝世，享年 87 岁。他的养生之道是"既往不咎，多做善事"。陈嘉庚认为"金钱如肥料，散播才有用"，毕生致力于兴办教育事业。他 20 岁时就在家乡出资办学，前后资助福建省 20 余县、市 70 多所学校的经费。1921 年，他创办厦门大学，并在南洋为华侨子女创办了多所学校。他一生献给教育事业的经费达 15 亿元人民币，资助了很多贫寒子弟，逝世时还留下遗愿，把国内的 300 多万元存款全部捐献给国家。他的事迹感动了社会各界，带动了一股助学热潮。

德高者多与人为善。在助人的行为中，会唤起他人对自己的感激、喜爱和热情，由此带来温暖的感觉和舒畅的心情。这种心理状态能促使大脑中天然镇静剂的分泌，消除精神紧张，有助于健康长寿。医学研究表明，那些经常帮助别人，有良好人际关系的人，比自私、狭隘、不愿与人交往的孤独者长寿 20 多倍。

在《孟子·梁惠王下》中有一段很著名的对话。孟子问齐宣王说："独乐乐，与人乐乐，孰乐?"齐宣王回答："不若与人。"孟子又问："与少乐乐，与众乐乐，孰乐?"齐宣王回答："不若与众。"帝王可以从这段对话中参悟出治国的道理，我们普通人也可以从中找到使心灵和悦、满足的方法，那就是与人分享，与人同乐。每个人都体验过与人分享和分担的快乐，即使是眼泪也是甜蜜的；也体验过不被人理解和无处诉说的孤独与苦闷，相比之下，哪一个更有益身心，也就不言而喻了。

我们可以把孟子提倡的推己及人、与人同乐看做是对心灵的一种关照，这种关照又潜移默化地影响到身体的健康和生命质量。人生是一个漫长的过程，生命是一个复杂的整体，自然界的风风雨雨都会影响它，心中的一牵一挂也会影响它，所以善养生者应该对外界和心灵有多方的关照，使修心与健身并行不悖。古人说，"勿以善小而不为"，也许你无意间伸出的手或投给别人的微笑就是你放在生命大厦上的砖瓦，有了它们，生命的这座大厦才能更加坚固和壮美。

爱生而不苟生

孟子有一段著名的论述："鱼，我所欲也；熊掌，亦我所欲也。二者不可得兼，舍鱼而取熊掌者也。生，我所欲也；义，亦我所欲也。二者不可得兼，舍生而取义也。"孟子用了一个经典的比喻，说明了在生和义发生矛盾时所做出的选择。

孟子是很重视养生的，他提醒人们养生贵在持之以恒，说明他非常热爱生命。那么在矛盾面前，他为什么会做出"舍生取义"的选择呢？孟子的回答是："生亦我所欲，所欲有甚于生者，故不为苟得也。"生命虽然宝贵，但比生命更宝贵的是高尚的人格、信仰和道义，他不会以牺牲这些为前提而苟且偷生。这就是孟子"爱生而不苟生"的积极养生观。

这种积极的养生观体现了孟子养生思想的全面性和深刻性。他一方面告诉人们要注意保养、拥有强健的体魄，另一方面又非常关注人的精神世界，赞美高尚的人格和品质。表面看来，"舍生取义"的主张与重视养生、谨守正命的观点相矛盾，但其本质是一样的。传统的养生学之所以把修身和养性并列，就是为了提高生命质量，使人的生命更有意义。孟子也是为了保证生命质量才去舍生取义的，他不愿意看到人为了生存而道德沦丧、苟且偷生。孟子向往"富贵不能淫，贫贱不能移，威武不能屈"的大丈夫崇高理想。

养生的目的不只是长寿，还包括生命质量和精神追求。目前，美国社会学家的"人生需要层次说"很流行，即把人的需要分为若干个层次，除了衣、食、住、行，这些最基本的需要外，还应该有一种更高的追求，那就是"自我实现"，这才是生命的终极目标。一个作奸犯科、坏事做尽的人，走到哪里都会受到别人的指责和唾骂，身上背着沉重的"十字架"，不管他的身体如何强壮，他都感觉不到生命的美好，即使长命百岁，又有何意义？

身体可以毁灭，但精神永存。所以孟子认为养生之道应注重精神生活，必要时可置生死于度外。养生追求的是身与心的和谐，是物质生活和精神生活的统一，所以古人说"志士不饮盗泉之水，君子不食嗟来之食"。当一个人放弃尊严、人格和道德去苟且偷生时，他生命的价值和意义已黯然失色了，因他背离了养生的主旨。

孟子积极的博爱、为仁的养生观有助于提高个人的精神修养，完善自身。在这里，笔者祝愿所有品德高尚的人都能得到命运的眷顾，身体康健、福泽万年。

★ 名人养生谈

韩德培：虽云桑榆晚　犹存赤子心

韩德培，著名法学家、法学教育家，被誉为"新中国国际私法学的一代宗师"、"中国环境法学的开拓者和奠基人"、"中国法学界的镇山之石"。在他近百年的人生历程中，虽经历坎坷，但始终怀抱赤子之心、仁爱之情。

面对挫折像斗士

在阶级斗争最激烈的年代，法学教育统统被斥之为培养资产阶级的"大染缸"。1957 年，韩德培作为武汉大学最大的两个右派之一，在做检查时，韩德培一条一条地反驳莫须有的罪状，惹得台底下哄堂大笑。可这竟成为他最大的一个罪名，"态度极度恶劣"，也促成他第一次被划"右派"。夫人曾劝他到学校找负责人，做个深刻检讨，承认一下错误，可是"顽固的"韩德培不但没那么做，而且还坚定地说"头砍了碗大的疤，我不在乎。"

从 1960 年，韩德培被摘去"右派"帽子到被送往沙洋农场劳动改造，将近 20 年，古稀之年的韩德培才回到武汉大学。"我也算是武汉大学争的名人了，"老人调侃地大笑起来。在那个年代，不少人无法面对人生逆境，精神崩溃，甚至上吊自杀。韩老坦言自己心胸开朗，并坚定一个信念："总有云开日出时，"不灰心，不丧气，精神不垮，所以才撑了下来。

爱才护才充满仁爱之心

著名国际法学家、国际组织法奠基者和创始人梁西教授是韩老的学生，他对韩老师印象特别深："韩老师讲课从来不拘泥于形式，每次上课前他都要花很大工夫备课，他思路清晰，见解独到，很引人入胜。"

"韩老师对学生很负责。有一次我去他家交作业，他正在吃饭，不等把饭吃完，他就开始批改作业。韩老的师德对我影响很大。"

梁西说，他来武汉大学任教，也是受韩德培老师的影响。"我大学毕业后到北京大学任教，在那里工作了 30 年。先生多次跟我说武汉大学师资紧缺，希望我能为母校做些工作。后来，韩老师又写了三封信给我做思想工作，最后我才决定回来。"

韩德培教授为学为师为人堪称学者典范。他一贯反对在评职称时论资排辈，他总是从学科、院系和学校的大局出发，对人才大胆推荐、大胆提拔。"上世纪50年代，韩教授不幸蒙冤，遭受不公正待遇，当时的月工资从194元降到30元，一家人生活很困难，但他依然笑对坎坷。1979年，冤屈得以洗清，他也不计较过去，对那些整过他的人，该提拔的照样提拔，该晋升的一点也不耽误，这不得不让人佩服他的气度。"武汉大学另一位法学家马克昌教授说。

中国政法大学校长黄进教授是韩老带的第一个博士生，也是中国有史以来国际私法专业第一个博士。在黄进的记忆中，韩老提携后人不遗余力，"我1984年留校任助教，到1993年成为博导，与韩老的提携密不可分，在他那里，有才能的人可以进步很快，他最乐于成人之美。"他说，韩老对有利于同事和学生发展的事，比如提职、提薪、获奖、深造或出国进修等，都是尽力支持和玉成。面对某些学生的急躁情绪，韩老告诫学生要有"三心"，即对自己要有"信心"，干事要有"决心"，成长和发展要有"耐心"。"与韩老在一起工作，他老人家的魅力不仅影响了我们、温暖了我们，而且感化了我们"。

执教60多年来，韩德培先生为我国培养了200多位高级法律人才。90多岁高龄还亲自带博士生。每逢研究生入学复试，他都必定拨冗到场，一待就是一整天。有博士生上门请教时，他一定会站在家门口，亲自为学生开门；学生离开时，他也一定送到门前，看到学生离开后才会关上门。在学生眼里，韩老不仅平易近人，而且"很有童趣"。2006年圣诞节，几个学生陪韩老过节。韩老那天兴致很高，给大家讲述自己在美国过圣诞节的经历，还戴上圣诞帽，扮起了圣诞老人，憨厚的神态逗得大家哈哈大笑。

"岁逢庚辰年，九秩入高龄：虽云桑榆晚，犹存赤子心。满园百花放，盛世万象新；鞠躬尽余热，接力有来人。"这首诗既是老人的抒怀之作，也是他仁德养生的最佳诠释。

★ 健康箴言

◎仁人之所以多寿者，外无贪而内清净，心平和而不失中正，取天地之美以养其身，是其且多且治。

　　　　　　　　　　　　　　　　　　——董仲舒

释义：道德高尚的人一般都很长寿。这是因为，他们对身外之物追求较少，内心清净，心态平和，谨守中庸之道。他们以天地包容万事万物的法则，作为自己立身处世的原则，修身养性，谨言慎行，遵守社会的道德规范和法纪，所以才会延年益寿。

◎知足不贪，安贫乐道，力行趣善，不失其常，举动适时，自得其所者，所适皆安，可以长久。

　　　　　　　　　　　　　　——《道德真经广圣义》

释义：知道满足，不贪名利，安于贫困，乐善好施，努力追求人格的完善，不违背做人的准则，言行举止合乎道德规范，不与人攀比，生活消费量力而行，内心处于安定平和的状态，这样就可以健康长寿。

◎我提养生之四印，君家所有更赠君。百战百胜不如一忍，万言万当不如一默。无可拣择眼界平，不藏秋毫心地直。我肱三折得此医，自觉两瞳生光辉。团蒲日静鸟吟诗，炉熏一炷试观之。

——黄庭坚

释义：我认为养生有四种好方法——即使在战争中能百战百胜，也不如多忍一忍；即使能把话说得圆滑妥当，也不如懂得静默；要把万事万物一视同仁，眼界放平，心胸放宽，始终保持平和舒顺；内心不藏丝毫邪念，正直坦荡。我是经历了很多人生曲折后，才悟出了这个养生方法，从此顿觉豁然开朗。要想体悟这"四印"，不妨静坐于蒲团之上，聆听窗外鸟鸣，点上一炉熏香，细细思量。

◎心之在体，君之位也；九窍之有职，官之分也。心处其道，九窍循理；嗜欲充益，目不见色，耳不闻声。故曰：上离其道，下失其事。

——《管子·心术》

释义：心对于人体，如同君主在国中处于主宰地位；九窍各有不同的功能，正如百官各有自己的职责一样。如果心能保持正常，九窍等各器官也能有条不紊地发挥作用；如果心里充满着各种嗜欲杂念，眼睛就看不见颜色，耳朵就听不见声音。所以说心要是违背了清心寡欲之原则，各个器官也就会丧失了应有的作用。

◎化不可代，时不可违。夫经络以通，血气以从，复其不足，与众齐同，养之和之，静以待时，谨守其气，无使倾移，其形乃彰，生气以长。

——《内径·五常政大论》

释义：人必须遵循气候变化、四时更替的规律。善于养生的大师注重保持体内经络运行畅通，气血从容和顺，善于补养、调和气血，顺应自然界的变化，小心地守护着体内的阴阳平衡，不使其发生偏盛偏衰，这样才能使形体充实、生机勃勃。

★ 保健小贴士

◎筷子最好每半年换一次。

◎醋泡花生能软化血管。

◎蜂蜜水不宜空腹饮用。

◎适量吃鱼能使血管更年轻。

◎过量食用味精会影响视力。

◎做菜勾芡有助保护肠胃。

◎情绪不畅会导致胃病。

◎海带预防高血压。

◎上午晒太阳有益健康。

◎午睡有助预防冠心病。

第三章
以智养生，为修身健康之本

众所周知，养生的目的是为了促进健康、预防疾病、延年益寿。而珍惜、善待生命的首要任务则是树立正确的养生观。目前世界上关于养生的观点五花八门、各门派都有，但真正实用的并不是很多。其实，并不是所有的养生方法都适合自己，我们要当养生的"智慧者"，不能当"盲从者"，适合自己的养生才是最科学的养生。养生需要智慧。只有既知其然，又知其所以然，才能实现《黄帝内经》"以此养生则寿，殁世不殆（用这样的道理来养生，就可以使人长寿，终生不会发生危险）"的目标。

生活中，很多人都热衷于养生，甚至身体力行，但由于不懂得"养生贵在适度，生病起于过用"之道理，对一些养生方法过度迷信和痴迷，结果好心办了坏事。某人坚信"生命在于运动"，不顾身体状况，在彻夜未眠，身体极度疲劳的情况下，还在酷暑中进行跑步锻炼，结果猝死在跑步机上；有人迷信"大师"的教导，饮食极度偏嗜，滴油不沾，片肉不进，只吃大师推荐的几种食品，结果弄得自己形销骨立，重度营养不良。至于过分依赖某种功能食品、某些健身功法，甚至有病不治的案例，更是屡屡发生。养生者是无辜的，但教训是惨痛的！究其因，在于养生知识匮乏，养生方法不当。

"过则为病"是中医养生防病治病的重要原则，不能违背。过是指超越，超出某种范围或限度的意思。"过用"，指超越常度。在中医病因学中指因过劳而导致的疾病。从整部《黄帝内经》来看，"过用"是"生病"最常见的病因，是人体致病的普遍规律。大家耳熟能详的"久视伤血，久卧伤气，久坐伤肉，久立伤骨，久行伤筋"，都在强调"过则为病"的道理。可见，无论是过度的劳累，还是过度的安逸，都会导致疾病的发生。

除形体的"过则为病"外，精神情致的"过用"也会致病——尽力谋虑则肝劳，起居过度则伤肝；曲运神机（即过于算计）则心劳，思虑过度则伤心；意外致思（即心思太重）则脾劳，饥饱过度则伤脾；遇事而忧则肺劳，喜怒悲愁过度则伤肺；矜持志节则肾劳，色欲过度则伤肾。

各种养生方法本无高低贵贱之分，但却各有适宜人群；因错误养生而致病者，过错不在养生方法而在于使用者本人。包治百病的养生方法根本不存在，无论用什么方法养生，都必须"适度"，并因时、因地、因人制宜，辩证选择，万不可一概而论。

饱与饥

多食伤身，营养不足则会损害健康。《抱朴子》中说："养生赖于饮食，然使醉而强酒，饱而强食，未有不伤身者。"清代顺康年间，户部尚书马齐，自其祖父以下四代多享高寿，马齐本人也享年 88 岁。据传马齐善于饮食平衡，坚持"早饭淡而午饭厚而饱，晚饭须少"。养生格言中说："吃饭八分饱，无病活到老。"因为节制饮食可减轻胃肠和内脏的负担，提高机体免疫力，减少疾病。生活中，有的人由于减肥心切，短时间控食，过分少吃而严重损害健康的例子屡见不鲜。

荤与素

不能绝对的素食或荤食，应合理搭配。以清淡素食为主，才更益于健康。健康四大基石中的第一条是"合理膳食"。均衡的饮食可有效防止或减慢高血压、心脏病和糖尿病、脂肪肝等中老年人常见病。但不可一概而论拒绝所有荤食，因为脂肪和胆固醇也是人体不可缺少的养分，如多种不饱和脂肪酸既健脑又护心，且胆固醇抵御癌症功不可没。一日三餐荤素搭配比较科学。

动与静

《健康格言》中说："久坐不动，易伤血气，脑力者应慎之；身动过剧，易损内脏，体力者应戒之"，有动有静才无病无痛。美国宇宙航行局的科学家们证实，一个人三天不活动，其肌肉能量就会丧失 $1/5$。据浙江省的一份报告表明，运动的人免疫功能明显改善，发病率仅为 1.9%，而缺乏运动的人发病率则达到 11.1%。但运动必须适量，超负荷的运动还会加速体内某些器官的"磨损"和一些生理功能的失调，反而会引起疾病。

乐与悲

有些老人离退休后由于精神上无所寄托，往往会产生失落感而闷闷不乐，这对健康极为不利。《灵枢》中说："悲伤忧愁则心动，心动则五脏六腑皆摇。"若能通过各种形式参加社会交往，则有助于消除寂寞，增加生活乐趣。但有的人喜欢打麻将并终日沉湎其中，导致神经失衡，甚至猝死在麻将桌下。正如《健康格言》所说："娱乐有制，失制则精疲力竭；快乐有度，失度则乐极生悲。"

冷与热

冷水浴是一种健身的好方法。通过冷水的低温刺激，可提高人体神经系统的兴奋性，增强代谢和各器官系统的活动，使呼吸加快、心跳加强、血液循环增速、血压上升、肠胃蠕动加强、人体的体温调节功能也会得到加强。同时在水对皮肤冲击的机械作用和一些矿物质对人体的化学作用下，还能增加皮肤的抵抗力，降低皮肤病的发生率。而热水浴及桑拿浴则能在高温的作用下，引起皮肤毛孔和毛细血管扩张，并有效地将体内的热量散发出去，还能带走一些污垢及残存于皮肤表层的有毒物质，健康效果也较理想。具体是洗冷水浴好还是热水澡好，需因人而异，视体质及习惯而定，如民谚所说：冷水洗脸美容保健，温水刷牙牙齿喜欢，热水洗脚如吃补药。

多睡与少寐

古代养生家认为"少寐乃老年人大患"。有人提出"睡眠养生论"，认为睡眠好可以延长寿命，但也并不是睡得越多越好。美国心脏病学会研究发现，每晚睡 10 小时的人比仅睡 7 小时的人，心脏病死亡的人数要高一倍，因中风而死亡的人数高出三倍半。民谚说："早睡早起，没病惹你"，"晚睡迟起懒在床，日日如此命不长"是有道理的。睡眠不足对身体有害，不仅影响工作学习，而且影响身心健康，进而引发各种疾病。但同样睡眠过多也有害。俗话说："抠成的疮，睡成的病。"睡眠过多，身体各样机能会变得呆滞，久之必病。可见睡不可缺但也不可贪。

纵欲与禁欲

历代帝王多不长寿，与其恣情纵欲有关，但乾隆皇帝能够做到"远房帏"、"色勿迷"而寿至 89 岁。唐代名医孙思邈说："恣其情欲，则命同朝露也。精少则病，精尽则死。"明代《养生八笺》中说："阴阳好合，接御有度可以延年。"而美国研究人员对 600 人所作的调查发现，上了年纪的人维持积极的性生活，有助于保持身体活力和记忆力。如果老人放弃性关系，智力会很快衰退。纵欲伤身，禁欲也有害健康，节欲无疑是最佳的选择。

除了"辩证养生"、"因人而异"之外，我们还可以在为人处世中挖掘养生智慧。

反求医侮

中国传统文化一贯主张，遇到事情首先在自己身上找原因，不可一味地责怪他人，要自我反省。孔子"每日三省吾身"，以求自改，这是一种高尚人格的具体体现。对于养生保健而言，中医也是从自身寻找原因，并加以预防。《黄帝内经》"正气存内，邪不可干"的健康观、疾病观，就是一种向内、向上找原因的具体体现。"风雨寒热，不得虚，邪不能独伤人"，"邪之所凑，其气必虚"，疾病的发生与否，和人体正气强弱密切相关。要想身体健康，必须增强机体的抗病能力，使正气充足，才能不病。无论为人处世，还是养生保健，都应该从自身找原因，切不可怨天尤人，为自己找借口，借故开脱，推卸责任。这样做的结果，不仅于事无补，反而会自欺欺人，自讨其辱。

无辩医谤

韩愈《原毁》："世修而谤兴，德高而毁来"。意思是说世道平安兴旺，就会有流言蜚语出现；人的道德高尚了，也就会有人出来诋毁贬低他。有些人面对一些微不足道的言论，也会勃然大怒，极力争辩，试图迅速澄清事实真相，其结果则事与愿违，导致越辩越乱，越抹越黑，严重影响自身健康，扰乱自己正常的工作生活秩序。俗话说："无风不起浪"，流言蜚语的产生，肯定是有原因的。"有则改之，无则加勉"，多从自身找原因，不必急于争辩，所谓"见怪不怪，其怪自败"，假以时日，"流言止于智者"。"无辩医谤"不是叫人一味忍耐，而是要用健康快乐的心情去对待，用正确的方法去解决，或者用法律的手段去捍卫，不采取"打嘴架"的方式进行无谓的论争，这是一种健康的心态和正确的做法。在法制社会，我们随便肆意诽谤他人是违法行为，是要负法律责任的。

安分医贪

"爱财曰贪，爱食曰婪。"一定程度上说，贪婪是人的本性之一，平时被人的理智、道德深深地压制在内心的深处，甚至不露蛛丝马迹。但是，一旦具备了相应的条件，这株"毒草"就会从心底生根发芽，逐渐浮出水面，腐蚀毒害人的心智，让人利令智昏，见利忘义，唯利是图，不择手段。贪官恶霸和现今的物质贪欲者无一不是从贪图钱财色欲而最终沦为阶下囚的。安分守己，安贫乐道，通过自己的辛勤工作积累财富，体现自我价值与人生目标才是正路。

卑己医骄

卑，低下、与"高"、"尊"相对。谦虚谨慎是为人处世的美德，骄傲自满是为人处世的大忌。所以"要谦虚谨慎，戒骄戒躁"。自以为是，目中无人，狂妄自大，容易使人产生自满情绪，破坏内心的宁静祥和，进而影响到为人处世，使人际关系不良。人人都是平等的，纵然有社会分工的不同，人生境遇的差异，但这决不能成为尊己卑人的理由。这就是保持心理健康、人际关系健康的重要原则。

下面我们来聊聊饮食中的养生智慧。人活着就要吃饭，只有吃饱了饭，才会有力气、精力和心情去作别的事。然而，吃饱饭是比较容易的，若想把饭吃好，吃出情趣、意境和健康，就需要用心、动脑了。

古人在论及吃饭时就有十二品之说。清朝乾隆年间的江南文人徐震秋在他的笔记《雅窗小语》中，就说到了饭的十二品。饭的"十二品"，指的是稻、炊、肴、蔬、修、菹、羹、茗、时、器、地、侣。

"稻"是饭中最基本的食物，有了稻，才能有米，有米下锅才能做出饭来，即使厨艺再精湛，也难为无米之炊。《雅窗小语》中把稻称为"饭之美者"，并赞赏稻是"精凿白粲，昔人所重。"稻有三种，其一是早熟的稻，其二是中熟的稻，其三是晚熟的稻。若论用稻做饭，早熟和晚熟的皆不及中熟的稻，中熟的稻是最佳的。东汉大学者蔡邕在《月令章句》中说："时在季秋，谓之半夏稻，滋味清淑，颐养为宜。"意思是说，中熟的稻米称为"香稻"，碾成米之后，晶莹洁白，如雪流匙，用来蒸米饭或是熬米粥，不仅滋味香甜，还益脾健胃，是极好的饭食佳品。

所谓的"炊"，其实就是做饭的意思。比如做米饭，厨艺精湛的人做出来的米饭米粒朗然，吃起来柔腻香泽、味道绝佳。相传清朝时，江南有一个厨师，淘米做饭时，淘米水总是不倒掉，留着用来蒸米饭用，则保留了米的天然气味。而且，做米饭的时候要用慢火，掌握好火候，这非常重要，只有这样，才能使做熟的米饭质粹香留。

"肴"指的是熟的鱼和肉，就是荤菜。《礼记》中说："居山不以鱼鳖为礼，居泽不以麋鹿为礼。"意思是说，住在山上不要常常想着吃鱼和虾蟹这些水里的东西，住在水边不要总是想着吃麋鹿这些山上的东西，选择食物的时候要根据居住地所产的东西。这种观念是有道理的。因为食居住地之所产，则滋味鲜而物力省。有的人请客吃饭，总是以珍稀食物为奇，其实，却不知平常的鸡鸭鱼肉，本是至美之味。清朝的文人笔记中记载的养老人的八珍之肴，皆是寻常的羊肉和猪肉，烹调出来，却是人间难得的美食，并不见得广搜珍稀食物才能做出美味佳肴。而且，每食一种荤菜，肠胃不杂，而得以尽其滋味之美。如果山珍海味罗列，各种荤腥杂进，不仅白白浪费钱财，也有违吃饭平衡膳食之道。因此，吃荤菜的时候，只要味道鲜美就行。

"蔬"多为草本植物，就是素菜。徐震秋在《雅窗小语》中说，古人讲究早饭吃韭菜，晚饭吃白菜，并且说这两种蔬菜是三餐中的珍味。生活在城市中的人，每天买到的蔬菜不是刚采摘的鲜菜，而且在运送的途中经过了风吹日晒，蔬菜的真味已经丧失了不少。乡野人家，往往自种半亩蔬菜，做饭的时候采摘一些，这些蔬菜含露负霜，吃起来甘芳脆美，古诗中说："有道在葵藿"，就是这种情景。平淡的日子里，一日三餐有韭菜、白菜、萝卜等蔬菜可吃，其甘如饴，其甘美之味胜过山珍海味。说得哲理一点。俗话说："嚼得菜根，百事可为"，能够以平静的心情去吃蔬菜，就有希望做成任何事。

在饮食中，所谓"修"，古称"脯修"，就是在肉中加入干姜、肉桂等大料腌制出干肉之类的肉食，用来佐餐。可供腌制的食物很多，家禽和家畜以及鱼类，都可以腌制后来佐餐。腌制肉类不必追求侈靡和奇巧，寻常之物即可。

"菹"和"葅"是同一个意思，指的是腌菜。清朝的文人笔记中说，古书中有"盐豉寒菹"的句子，指的是冬天里蔬菜缺乏，就腌制豆类来吃。其实，腌制的豆类就是现在的酱和酱豆之类的食物。清朝乾隆年间，一些文人喜欢在寒冬里吃腌制的豆类，腌制的豆类吃起来清脆甘芬，慢慢咀嚼，口舌生香，极其有益于身体。另外，鲜嫩的枸杞芽、脆脆的生姜、碧绿的青笋，都可以腌制出难得的美味。

"羹"就是汤类食物。古人吃饭，总是羹左食右，也就是一日三餐都要喝汤。清朝的文人笔记中说，羹汤"宜备五味以宣泄补益，由来尚矣。"古人吃饭，有饭菜有羹汤才称之为"餐"，这样才能吃饱吃好。其实，吃饭的时候有羹汤，易于下咽，促进消化，也利于养生。

吃完饭喝一点茶，不仅可以去除口中的荤腥之味，还能通利肠胃，这就是"茗"。"食毕而茗，所以解荤腥，涤齿颊，以通利肠胃也。"茗以温暖醇香为佳，石泉之处所产的佳茗，是饭后饮用佳品。饭后捧一盏清茶于手，耳边仿佛有松风清音，慢慢啜饮，可以消除滞郁，香气芬芳。

人最重者，是吃饭。吃饭最重者，是时间，这就是"时"。如吃饭不讲究时间，即使有珍膳，也因为失其时而没有了意义。如吃饭时间得当，即使是粗茶淡饭，也能吃得欣然，这就是所谓的吃饭得其时。比如笼中之鸟，就是给它吃山珍海味，也总是毫无生机。山林中的鸟，五步一饮，十步一啄，而飞翔、鸣叫总是悠然自得，这就是吃起来得时。本来刚吃饱，却又要去吃，这就是非时。本来很饥饿，却不去吃饭，这也是非时。刚吃饱就别再吃了，肚里饥饿就赶快去吃饭。清朝的文人笔记中说，思食而食，才是吃饭的最佳时间。

吃饭还要讲究"器"，也就是器具。吃饭的器具以瓷为宜，但是，要选用精洁的，不必太珍贵精巧。如果瓷质的吃饭器具太珍贵了，则脆薄易于伤损，心反为其所役，则会产生心理负担，吃饭也就少了那份悠然闲适的情趣了。

吃饭讲究"地"，冬天吃饭宜于温室之中，最好有红泥小火炉，还可以焚上名香。春天吃饭宜于在柳堂花榭之处。夏天吃饭宜临水、依竹或绿荫之下，或坐在片石之上。秋天吃饭宜于晴窗高阁之内。清朝的文人笔记中说，吃饭之地的讲究是顺从四时之序。而且，吃饭之地必须要远离尘埃，避大风和日晒。吃饭时打开窗户，任凭清风吹拂，则餐香饮翠，可助吃饭之趣。吃饭不只是为了满足口腹之欲，也是为了养生，所以，吃饭以心情畅达为福。

吃饭最好有个伴，这就是吃饭的"侣"。一个人独自吃饭太寂寞，太多的人在一起吃饭又太喧嚣，吃饭要有人相伴一起吃，但是，要和心意相投或比较亲近的人在一起吃饭才有情趣，若是同不投机的人在一起吃饭，还不如独自吃饭。吃饭之侣可以是良友，也可以是妻子，三四人即可，不需要多，以免喧嚣而生烦闷。

吃饭既能暖胃果腹，又能怡悦心情，也就是说，饭既是物质的东西，也是精神的事物。如果人生是花，饭就是花之香，如果人生是水，饭就是水之韵。

吃饭有品，是为了让吃饭一事更有情趣和营养，这是极佳的精神境界，值得为之用心一做。

★ 名人养生谈

萧克：文坛武将　情长寿更长

萧克（1907～2008年），开国上将。湖南嘉禾人，曾任农垦部副部长、军政大学校长、国防部副部长兼军事学院院长和第一政治委员等职，当选过中央委员、中顾委常委、全国政协副主席。在众多开国将军中，他是惟一写过长篇小说并获得"茅盾文学奖"的将军。

在萧克的革命征程中，因受毛泽东、朱德等领导者感染和影响，不仅使他在文德武功上取得了辉煌成就，也使他能够智慧地看待世事，在风雨时保持共产党人清正的风骨，在功过毁誉错乱之时能淡泊平静。像其他长寿而功勋卓著的革命者一样，他智慧地选择了光明而正确的道路，也智慧地选择了美好的生活态度——健康的人生基础。

文德武功，精彩人生的支点

在萧克的办公室里，有一排偌大的笔架，毛笔悬挂，无不彰显着主人在书法艺术方面的兴趣。让人想不到的是，萧克还曾仰仗一笔好字糊口度日。1927年南昌起义后，萧克随起义部南下，遭到伏击后，部队溃散，萧克流落到广州时已身无分文。为了生存，为了找党组织，萧克在一个老先生的卖字摊子上留了下来。平常，他给老先生铺纸磨墨；客人多时，他也写上几幅颜体或隶书，一天挣几毛钱便解决了生计问题。

耄耋之年，萧克写字仍很讲究"四正"，即心正、身正、纸正、笔正——这是他的启蒙老师对他的严格要求。萧克小的时候，每逢过年过节，来家里请父亲写对联的人络绎不绝。每当父亲不停地写，萧克就在一边磨墨，看着父亲写的那些对仗工整、字迹秀美的对联，萧克深刻感受到文字的魅力。在这种氛围的熏陶下，萧克自然也能写出一笔好字。

在战争年代，几乎高小毕业的人就被冠以"知识分子"的头衔了。在1955年授衔的开国将帅中，很多人都是在革命军队中才逐渐开始学习文化。在这些将帅中，能诗善书的萧克可以算是一个名副其实的儒将，正如斯诺前夫人在《中国老一辈革命家（自传）》中所评价的那样："像周恩来、徐向前和毛泽东一样，萧克是中国人所称的'军人学者'的再世。"

萧克不仅爱看书，对文学创作也非常有兴趣。红军时期，萧克在湘赣根据地写过白话诗、小故事等，并发表在根据地的报刊上。1985 年底，萧克从解放军军事学院院长的职位上退下来时，曾做诗自叹："既感事太多，尤叹时间少。虽老不知疲，愈老愈难了。"这"难了"之事，指的便是将军一生所喜爱的文学创作。

说到萧克在文学创作上的赫赫"战绩"，最值得称道的便是那本被著名作家夏衍称为中国当代军事文学史中一部奇书的《浴血罗霄》。1988 年建军节前夕，诞生于抗日战争烽火硝烟之中的《浴血罗霄》，终于在跨越半个世纪之际出版了，作者萧克也从一个 30 岁的青年，成为 81 岁的老人，其中的酸甜苦辣和个中的滋味是外人难以体会的。

1991 年 3 月，84 岁高龄的萧克，因《浴血罗霄》荣获 1984～1988年度"茅盾文学奖"荣誉奖，这是对作者本人及作品本身的肯定，也是对这部小说成书的奇特经历的一个褒扬。

离休以后，萧克致力于军事学、党史、军史、战史的研究，笔耕不辍，除了主编《南昌起义》、《秋收起义》、《萧克诗稿》、百卷巨著《中华文化通志》、《中国大百科全书》军事卷等书籍之外，还出版了《萧克回忆录》、《朱毛红军侧记》等作品，并被复旦大学人文学院聘为兼职教授。

人生的精彩，由一生无数次的精彩构成，一个成功的革命者、一个成功的无冕之王、一个健康的寿星，这些都令我们崇敬，也许，正是革命的峰烟赋予他永久的力量，可以赢得这一切！

曹雪芹：红楼梦中寓养生

《红楼梦》的作者曹雪芹不仅学识渊博、文思超群，在养生方面也颇为有道，从其作品中就能略知一二。

例如，《红楼梦》第三十一回，他借史湘云之口道出了阴阳五行与保健养生之间的微妙关系。湘云说："天地间都赋阴阳二气所生，或正或邪，或奇或怪，千变万化，都是阴阳顺道。"又说，若善于滋阴补阳，调顺五行，则"气脉充足"。第五十一回，宝玉看到胡庸医为晴雯开的药方中有紫苏、桔梗、防风、荆芥、麻黄之类的药，便骂道："该死，该死！他拿着女孩儿们却也和我们一样的治法，如何使得？"后来请了另一位大夫来，换了方子宝玉才高兴。曹雪芹深知中医的精髓是因人、因时、因地辨证论治。

另外，曹雪芹在《红楼梦》中还提到了适时更衣、加强锻炼、吃东西时不要受凉等，都体现出传统中医的养生智慧。

李时珍：高寿的养生秘诀

李时珍是家喻户晓的医药名家，在当时物质相对匮乏的年代，他以75岁高龄向人们印证了日常养生皆长寿的重要性。

重视饮用水的水质

李时珍认为："水者坎之象，上则为雨露霜雪，下则为海河泉井"；他还把江湖水归为"地水"，并将它分为"顺流水"、"逆流水"和"急流水"三种。他称"天水为一"，"地水为二"；而"地水"中的江湖水，又以"顺流水"为饮用佳品。现在的生活中，我们虽然很难控制饮用水是"天水"、"顺流水"，但还是要尽量保证自己和家人饮用水安全、健康。

老年人多食粳米粥

李时珍认为，老人牙齿损坏者多，脾胃功能虚弱，最适宜粥养。"每日起食粥一大碗，空腹虚，谷气便作，所补不细，又极柔腻，与肠胃相得，最为饮食之妙诀也。"做粥的原料最好是粳米，因其性甘平，是健脾胃、培中气的良药。在《本草纲目》中，李时珍还写了胡萝卜粥的做法：新鲜胡萝卜适量，切丁，同粳米煮粥，每日早晚服用。胡萝卜甘辛微温，经常食用，能防治高血压，增强体质。

酒后勿饮茶

李时珍在《本草纲目》中写道："酒，天之美禄也。少饮则活血行气，壮神御寒，消愁遣兴。痛饮则伤神耗血，损胃亡精，生痰动火"。此外，他强调酒后不要饮茶，"酒后饮茶伤肾脏，腰脚坠重，膀胱冷病，兼患痰饮水肿，消渴挛痛之疾"。从中医阴阳学角度来看，饮酒会升阳发散，促进血液循环；而茶苦味，属阴。若酒后饮茶，必酒性将驱于肾。而肾主水，水生湿，从而引起寒滞、小便频浊、等症。故酒后不宜立即饮茶，而应适量吃些水果，以解酒醒酒。

张大千："三健"养生

张大千是我国著名画家，不仅画技炉火纯青，在养生方面也颇为有道。他 85 岁高寿谢世，与"健吃""健谈""健步"的习惯密不可分。

健吃

张大千以清淡为"食养"之道。他有诗云："食粟不谋腰足健，酿梨长令肺肝清。"他深知适当的饮食调养有助补益精气，纠正脏腑阴阳之偏。

健谈

张大千为人热情，十分健谈，即使正在作画也耐心与他人交流。日久，竟养成一边作画，一边交谈的习惯，既愉悦了心情，又加强了和朋友间的交流。

健步

年轻时，张大千游历各国，寄情山水。晚年时，他依然闲不住，每天坚持散步半小时，活动筋骨、放松身心。

古代文人养生法

睡眠法

南宋诗人陆游，晚间读书，一般以二更（相当于晚间 10 点）为限度。他认为，睡眠是消除疲劳的最好方法，经常熬夜，必然头昏脑胀，记忆力下降。

散步法

饱食不得坐与卧，应缓行散步，这是南宋思想家、医学家陶弘景的养生方法。

沐浴法

定期沐浴更衣不仅是良好的卫生习惯，还助保持头脑清醒、身心舒畅。宋代文人沈京中说过："衣服勤洗浣，以香沾之，身数沐浴……则神安道胜也。"

静坐法

北宋文学家苏轼推崇静坐养生法，他认为，这是大脑最好的休息方法。静坐法要求坐姿端正，两目微闭，全身放松，宁神静态，意守丹田，每次 15~30 分钟。

★ 健康箴言

◎食毕当行步踟蹰，则食易消，大益人，令人能饮食而无百病。饱食即卧，乃生百病，不消或积聚；饱食仰卧，或气痞，作头风。

——孙思邈

释义：饭后散步慢行有助消化，可增强脾胃功能，这样的人不易生病。如果饭后立即躺卧，容易引发多种疾病，出现消化不良、积食、腹胀等症；如果饭后立即仰卧，则会使气机失常，严重时还会引起头晕、头痛等症状。

◎凡食之道：大充，伤而形不臧；大摄，骨枯而血冱。充摄之间，此谓和成。

——《管子·内业》

释义：进食过饱会使内脏受伤，身体出现疾病；过度饥饿则化源匮乏，气血滞流不畅。正确的方法是饮食有节，饥饱适度，充摄得中，这样才能使气血调和，生化有源。

◎保养可勿药。

——《医学入门》

　　释义：传统中医认为，人们只要保养得当就可以不依赖药物。比如，少说话能养气，口味清淡可养血，劳逸结合能缓解疲劳等。

◎不得虚，邪不能独伤人。

——《黄帝内经·灵枢》

　　释义：中医理论认为，邪气（即致病因素）随时都在，只有身体虚弱者才会被侵袭。故发现身体虚损就要及时弥补，这是很好的防病之道。

◎凡欲饵药，但须精审，不可轻服。

——《颜氏家训》

　　释义：人们若想用药物养生，一定要认真选择，仔细检验，不能随便乱服。

◎少不勤行，壮不竟时，长而安贫，老而寡欲，闲心劳形，养生之方也。

——《养性延命录》

　　释义：这是列子的养生经，指的是如果人在年少时不勤走路，等到壮年时走起路来连一个时辰都支撑不了。而成年人若能安于简单的生活，等到年老时就会清心寡欲。他认为，让自己心情感到闲适，适当劳动，就是养生法则。

★ 保健小贴士

◎适量步行能使大脑更年轻。

◎感冒期间不宜喝苦丁茶。

◎茶叶蛋不宜多吃。

◎酸奶不宜空腹饮用。

◎白开水超过三天不能喝。

◎热水袋比电热毯更有益健康。

◎冬天不宜把围巾当口罩用。

◎卧室窗户留缝有助于睡眠。

◎老人晨练应先进食，运动后要喝杯牛奶。

◎凉水洗脸好处多、温水刷牙更科学、热水泡脚通气血。

第四章
以学养生，为修身健康之魂

活到老学到老，是一个人的治学态度，也是一条重要的修身养生大法。《老老恒言》云："学不因老而废。"用今天的话来讲，就是活到老学到老，把学习作为养老的重要内容。

历史上孔子五十而学《易》，"发奋忘食，乐以忘忧，不知老之将至"（《论语·述而》）。在那个年代，人均寿命尚不足 30 岁，而孔子却活到 73 岁，达到了一般人寿命的 2 倍。孙思邈在古稀之年仍然孜孜不倦钻研医学，写成《千金要方》，百岁时编纂完成医学巨著《千金翼方》，为后世留下了宝贵的医学财富，活到 101 岁而终。古今中外，年高好学而卓有成就者不胜枚举。

以上所言，并不是提倡老年人都要学有成就，而是主张老年人"常用脑，可防老"。老年人学习的目的不在于结果，而在于过程。经常动脑，可使视野更加开阔，精神更加充实，心情更加愉悦，从而有利于延缓衰老。勤用脑是延缓全身衰老的重要方式。据文献记载，脑部发育与寿命成正比，哺乳动物中人的脑最发达，寿命也最长。

怎样才能延缓脑衰老呢？关键在于用脑，用进废退。《周易》讲："生生为之易"，脑子越用越灵。因此，要不断地加强学习，攫取知识，充实头脑。讲到学习，首先想到的是读书，这是怡情养性的好方法。读书不仅可以使人知识渊博，更可以修身养性，让人变得更豁达。古人对读书很有研究。《幽梦影》讲："读经宜冬，其神专也；读史宜夏，其时久也；读诸子宜秋，其致别也；读诸集宜春，其机畅也。"春夏秋冬，不同的季节，读不同的书，十分讲究。书，时刻皆可读，冬季寒冷，凝神聚思，适于读经书；夏日悠长，读史最佳；秋高气爽，读诸子文章，更易领会其精髓；春天万物生发，气机和畅，读散文诗章，情之所至，相得益彰。

读书，绝不单单是让老年人关在家里读死书。善于读书者，没有什么不是学习知识的好书，山水是书，诗酒是书，花月也是书。善于读书者，何时何地都有书，这才是会学习的人。就如同善于游览山水的人，无不是让人留恋的山水，书史是山水，诗酒是山水，花月也是山水。善于游览山水者，即使足不出户，亦有无穷壮丽秀美的山水可在胸中游览。山水可当书籍来阅读，书籍亦可作山水来游历，这就是一种境界，正如《幽梦影》作者张潮总结："文章是案头之山水，山水是地上之文章。"

让每一位老年朋友都生活在充实的内心世界里，脑不衰老，身体的衰老亦然延缓。人上了年纪，也要老有所学，多点"文化意识"，免得走失生活、偏离"底线"。人，不是自然存在物，而是文化存在物；不是自然人，而是文化人。人，一旦疏离了文化，就会视力短浅，生命力干涸，"百病浸身"。

如何以"学"养生？我认为"人的一生需要学习三万天"，即"第一个一万天学习"是在 1~27 岁之间完成的；"第二个一万天学习"是在 27~54 岁之间完成的；"最后一

个一万天学习"是 54～84 岁之间完成的。这个"人的一生
需要学习三万天"的说法，实在是以"学"养生的通俗说
解。徐特立曾预言："世有老少年，也有少年老。不落时代
后，年老才是宝。"康熙皇帝一生勤奋好学，博览群书，不
仅精通治国之道，且对自然科学方面的数学、天文、历法、
物理、地理、医学、工程技术，人文科学方面的经、史、
子、集，艺术方面的声律、书法、诗画等颇有研究。他一
生共写了八九十篇关于自然科学方面的论著，亲自审订了
多种历史方面的书籍。他天生对一切有益的事情感兴趣，
对研究西方科学也有极大热情，尤其喜欢数学，经常听外
国学者讲解主要数学仪器的用法和几何学，并反复练习，
亲手绘图，对不懂的地方立刻提问，还把数学知识应用于
实践，如用数学仪器测量某座山的高度，或某向大臣们讲
授数学等。康熙皇帝博学不厌，养成了一种踏实、勤奋的
生活习惯，博学、自强不息，造就了他博大的胸怀，激发
了他对生活的兴趣，在位 61 载，他奠定了"康乾盛世"的
根基，完全不同于那些贪图享乐、碌碌无为、不寿而夭的
皇帝。康熙这种良好的习惯，使他能够保持充沛的精力以
及对生活的热情来治理国家，而且还对身体健康大有裨益。

　　苏轼是我国北宋时期的文坛魁首，他不但对文学、诗、
词、赋和书法精通，而且在中医药学、养生学方面也颇有
建树。其所著《苏学士方》便是他收集的中医药方。后来
人们把苏轼收集的医方、药方与沈括的《良方》合编成
《苏沈良方》，至今犹存。更有趣的是，由于苏轼在书法方
面也颇有造诣，他的书法作品字字珍品，求之不易，于是
有些人见他开处方，就佯装生病来请他诊治，盼得墨迹。
苏轼明知他们无病求医，却从不拒绝，还是利用开处方宣

传医药卫生常识。

　　有一次，他的朋友张鹗向他请教养生之道。苏东坡挥毫写下"四味药"："一曰无事以当贵，二曰早寝以当富，三曰安步以当车，四曰晚食以当肉"。苏东坡见张鹗一脸茫然便解释，所谓"无事以当贵"，是指人不要把功名利禄、荣辱过失考虑得太重，如能在情志上任性逍遥、随遇而安、无事以求，这比大贵更能使人颐养天年；"早寝以当富"，指吃好穿好、财货充足，并非就能使你长寿，惟有养成良好的起居习惯，尤其是早睡早起，这对老年人而言，比获得任何财富更加可贵；"安步以当车"，指的是，人欲长寿要以步行来替代骑马乘车，多运动才能强健肢体，通畅气血；"晚食以当肉"，意思是，人应用已饥方食，未饱先止代替对美味佳肴的贪吃无厌。近来读《杨绛说"读书"》的文章，感触颇深。

　　钱钟书逝世后，杨绛闭门谢客，潜心读书。她说："我觉得读书好比串门儿——'隐身'的串门儿。要参见钦佩的老师或拜谒有名的学者，不必事先打招呼求见，也不怕打扰主人。翻开书面就闯进大门。翻过几页就升堂入室，而且可以经常去、时刻去。如果不得要领，还可以不辞而别，或者另找高明，和他对质……话不投机或言不入耳，不妨抽身退场，甚至砰的一声推上大门，谁也不会嗔怪。"

　　为何说读书能修身养性、祛病强身呢？因为读书是一种促进身心健康的活动。《内经》有"聚神会神乃养生大法"之说。当排除所有的杂念，沉迷于书的世界里时，不仅可以享受阅读所带来的愉悦，而且还是一种积极的身体放松和精神享受，起到调达神志、平衡人体阴阳、促进气血流通的作用。当感到精神紧张、压力过大的时候，读一些好书，能使自己超脱现时的处境，进入到智慧的海洋中。从而释放心理压力、放松心情，达到一种身心平衡的状态。

亚洲首富孙正义在 23 岁时，得了肝病，整整住了两年医院。在这两年中他阅读了 4000 本书，平均一天读 5 本。书，让他对肝病抱着"即来之，则安之"的平静心态；书，成了他住院期间陪伴左右的最好朋友，并为他战胜病魔、启迪心灵、酝酿蓝图、实现梦想，指点迷津，献计献策。

少帅张学良自"西安事变"后便身陷囹圄，失去人身自由达数十年之久。大半辈子过着囚禁生活的他阅读了古今中外大量书籍，心灵得到洗礼，从而悟出"宠辱不惊，闲看庭前花开花落；去留无意，漫随天外云卷云舒"的人生感叹！

诸葛亮有句名言："非淡泊无以明志，非宁静无以致远。"只要书册在手，您就能完全沉浸在"淡泊、宁静"的境界之中，忘却了尘世的喧嚣与烦恼，忘却了世间的狂热与冷酷，忘却了人间的红尘扰攘与物欲横流。读书，潜下心去读，您便感到头脑中万里无云，什么寂寞、孤独与郁闷都抛之九霄云外，只有惬意、舒心与享受。读的书多了，尤其是读经典著作，就好比站在了山上，可以看到很远很多的东西。金庸说："只要有书读，人生就幸福。"而杰斐逊则说："如果没有书，我将无法生存。"

书籍是全世界最廉价、最省钱的营养品。喜欢读书就等于把生活中寂寞的时光换成了巨大的享受。读书是一种涉及整个身心的活动，还可以磨练耐性，这对于修身养性、开阔胸襟大有裨益，许多老作家、诗人、学者的长寿之道也都证明了这一点。

★ 名人养生谈

季羡林："三不主义"

著名国学大师季羡林近百岁高龄辞世，他给我们留下的不仅仅是国学智慧，还有其处世哲学和养生之道，这些都是值得我们细细体味和学习的"大智慧"。他独创的"三不主义"养生经，"养生无术是有术"的观念以及宽广坦然的生活态度，更是他养生智慧的浓缩。

"三不主义"养生经：

不锻炼，不挑食，不嘀咕。这是季老生前总结出的"三不主义"养生经。看似简单的九个字，却蕴含着深刻的人生哲学和养生智慧。

不锻炼：心理的锻炼更重要

由于工作忙，不时还有应酬缠身，季老很难抽出时间专门做身体锻炼；而要季老牺牲写作和读书时间专门去锻炼身体，他也不会同意的；因此季老才说自己不锻炼。季老解释说：我没有时间去探索养生、长寿之道，也从不刻意去追求锻炼。但我并不是反对体育锻炼，而是反对那种专门的"锻炼主义"。

所谓"锻炼主义"大约是指：活着是为了锻炼，锻炼是为了活得更长等比较极端的做法，尤其把锻炼体魄看得过于重要；其实心理的锻炼和健康更为重要。季老认为：人生的意义与价值在于永远奋斗，花时间在工作上比用在打太极拳上要划算。如果把大部分时间用于体育锻炼，因此而耽误了工作，那就是因小失大了。当然要工作首先必须有健康的体魄作为保证，所以季老觉得进行必要的锻炼是可行的，他年轻时也比较喜欢运动，经常打乒乓球、游泳，老来因为觉得时间紧迫，故而很少运动。

不挑食：想吃什么就吃什么

季老不挑食的好习惯和他的成长经历密切相关。季老一生在饮食方面没有过多讲究，年轻时粗茶淡饭有时还吃不饱。按理说这样的人一有了钱，就应该好好讲究一下，补偿以前的口福损失，然而季老却是有什么吃什么，从不挑肥拣瘦，只要符合口味，一概通吃。物不分东西，味不分南北，只要适口，便为所用。凡是觉得好吃的就吃，不好吃的就不吃。"卡路里、维生素统统见鬼去吧！"

季老很反对吃东西挑三拣四、战战兢兢、吃鸡蛋不吃蛋黄的人；对吃东西过于计较和讲究的人更不赞同。例如，吃苹果消三次毒，削皮后刀子再消毒，而削皮的水果还得消毒；不过此时的苹果没有美味，而且吃了未必健康。

季老还说过一个笑话，说的是一名化学教授，每次吃饭时都要仔细计算卡路里、维生素的数量，一顿饭所用的公式几乎等于一次实验。最后饭费比别人多几十倍不算，人却瘦得干巴巴的。季老认为讲究到这个份上不但少了人生乐趣，而且绝无必要。因为倘若戴上显微镜，看见的就只能是细菌，那就无法活了。季老是想吃什么就吃什么，但平常主要是吃素食，有时吃点牛羊肉，胆固醇自然也不会高。

不嘀咕：心中没什么想不开的事

季老的不嘀咕首先是指心中没有什么想不开的事，更不为自己的健康愁眉苦脸，对自己的生老病死看得开。一般说来，人到老年，身体容易出毛病，老年人也是非常担心自己的身体哪个地方失灵，所以有时候喜欢嘀咕。季老说嘀咕反而对身体不好，应坦然面对衰老。

"人应该顺其自然，老了，难免会有些小毛病，有些不舒服，也不要把它放在心上，爱怎样就怎样，心里没负担，身体自然好。有些人，身体有点儿不舒服，就受不了，患个小感冒，便恐惧得好像快要死了一样。我最讨厌这种嘀嘀咕咕的态度。"

由此可见，季老的"三不主义"在养生方面功劳不小，尽管他可能不是为了养生而特意为之；所以季老说自己没有养生秘诀时，实际上却是"无为有处有还无"。他不挑食、不嘀咕、不刻意锻炼尤其值得老年人学习。

季老生前，有媒体追问他生活中的长寿诀窍时，他总是回答：没有秘诀，也从来不追求什么秘诀。尽管如此，我们仍能从季老的日常生活中，挖掘出一些朴素的方法，对我们学习养生有借鉴意义。

脑筋要永远不停地思考问题

在西方养生学中有"用脑伤身"一说，而对于一直专注于做学问，经常需要用脑的季老来说，他却认为，用脑就是长寿的方法之一。

在接受媒体采访时，季老曾说："从我八九十年来的经验来说，一个人绝不能让自己的脑筋闲置，要经常让脑筋活动着。"季老甚至将"用脑伤神"的说法改为"用脑长寿"，还特别介绍了他的体验："我经常说不要让脑筋闲着，我也是这样做的。结果是有人说我'身轻如燕，健步如飞'。这话说得过了头，但我比同龄人要好得多，这是真的。原来我并没有什么科学根据，只能算是一种朴素的直觉。如非要我讲一个养生秘诀，那么，这也算是是一个吧！"

早餐必备花生米午餐晚餐多吃素

季老的饮食十分简单：早餐一杯牛奶、一块面包、一把炒花生米；午餐和晚餐则多以素菜为主。

在季老住院前，北京晚报一名记者曾与他共进早、午餐。早餐是小米粥、花生米、腐乳，午餐有馒头、大葱、青菜，此外还有一杯茶。季老特别喜欢吃花生米，每餐都有。

季羡林的生活非常俭朴，身为知名教授，仍一贯布衣粗食。有一次，一位新入校的学生见他的穿着如工友，就请他看管行李。第二天开会时，才发现他竟然是赫赫有名的系主任。

季老生活中最大的乐趣是看书。他藏书多达几万册。在梵文和西文书籍中，有些书堪称海内孤本。这么多的书，季老坦白地说，他只看过极少的一点，但他非常欣赏鲁迅所说的"随便翻翻"，知识面越广越好。

顺其自然，坦然面对老去

季老认为，人上了年纪，有点病，合乎自然规律，用不着大惊小怪。他不想做长生梦，对人生，他采取的态度是道家的。"我已进入耄耋之年，但是，专就北京大学而论，倚老卖老，我还没有资格。在教授中，按年龄排队，我恐怕还要排到二十多位以后。我幻想有一个按年龄顺序排列的向八宝山进军的北大教授队伍。后面的人当然很多，但是向前看，我还算不上排头，心里颇得安慰。"

这种对生命的态度是道家的，而他对工作的态度却是儒家学派。

"人吃饭是为了活着，但活着却不是为了吃饭。我要把这些工作做完，同时还要再给国家培养一些人才。我要老老实实干活，清清白白做人；决不干对不起祖国和人民的事；要尽量多为别人着想，少考虑自己得失。人过了八十，金钱富贵等同浮云，要多为下一代操心，少考虑个人名利，写文章决不剽窃抄袭，欺世盗名。等到非走不行的时候，就顺其自然，坦然离去，无愧于个人良心，则吾愿足矣。"

对待名利，季羡林是超脱的，陶渊明的四句诗成了他的座右铭："纵浪大化中，不喜亦不惧。应尽便须尽，无复独多虑。"

季老以超然的态度，宽广的胸怀面对生活，才达到了高寿。他的大道无道，即是养生之道。

齐白石：养生七戒

我国著名美术大师齐白石先生，成就卓著，1953年被授予"人民艺术家"称号，1963年被推举为世界文化名人。齐白石1957年于北京逝世，终年94岁。得此高寿，与其善于养生不无关系，白石老人的养生之道可归纳为"养生五绝"，即："七戒"、"八不"、"喝茶"、"食之有道"、"拉二胡"。

齐老一生恪守养生七戒，具体内容如下：

一戒饮酒

白石老人认为饮酒有害健康，他除了偶尔饮少量葡萄酒之外，平时基本不喝酒。

二戒空度

"人生不学，苦混一天。"白石老人每天绘画不止，不让时光虚度。他逝世前一年仍作画 600 余幅。

三戒吸烟

齐老从不吸烟，家中亦不备香烟。

四戒懒惰

白石老人坚持起居自理，如补衣、洗碗、扫地等，都亲自去做，很少依赖他人。

五戒狂喜

他的画经常获大奖或被选入国际画展，但他却隐乐于心，平静对待，毫无狂喜之态。

六戒空思

白石老人认为空思、空想无益健康，还会因此陷入杂乱无章的思绪中，不能自制。

七戒悲愤

白石老人处世泰然，始终保持平静乐观的人生态度，既不大喜过望，也不大悲大泣。

中医理论认为，"七情"是人体对客观事物的不同反映，在正常活动范围内，一般不会使人致病，只有突然强烈或长期持久的情志刺激，超过人体正常的生理活动范围，才会使气机紊乱，阴阳气血失调，进而诱发疾病。白石老人能注重情志调养，则脏腑气机升降调和，乃"阴平阳秘，精神乃治"。

除了牢记养生"七戒"之外，他深知"活到老，学到老"，对老年人养生保健的指导意义，为此，写下了"不教一日闲过"的条幅挂在墙上，一生勤奋。进入晚年，仍坚持以往的生活习惯，每天天不亮就起床，先去菜园锄草，活动筋骨，早饭后开始作画，一日不废。他常说"一日不学苦混一天"，每天坚持学习，看书读报，乐此不疲。充实的生活使他在晚年也不感到空虚寂寞，而是乐在其中。

钱学森：我没时间考虑过去，我只考虑未来

享誉海内外的杰出科学家钱学森，于 2009 年在北京逝世，享年 98 岁。他被誉为"中国航天之父"、"中国导弹之父"和"火箭之王"，长期在科学研究的尖端领域呕心沥血，夜以继日，却能如此高寿，奥妙何在？

在饮食方面，钱学森没什么讲究。他膳食平衡，荤素搭配，"四菜一汤就挺好"。

有些文学作品，为了体现钱学森的敬业精神，经常写道，"他常常一边抽烟，一边冥思苦想"。钱学森的儿子钱永刚特意澄清说，父亲从不抽烟，也不喝酒，这是他一生坚持的原则。

钱学森住宅和普通老百姓的家没什么两样。室内陈设朴素大方，家具和地板因为年代久远，显得有些破旧。

生活中，钱学森每天除了浏览报刊，还喜欢听听广播。但是却从不看电视，钱永刚介绍说，这是他早年在美国任教时养成的习惯，那里的教授们为了专心工作，多少年来从不看电视。

钱学森常说："我没时间考虑过去，我只考虑未来。"这种积极向上的精神追求和乐观的生活态度，才是他的养生真经。

"我姓钱，但不爱钱"

"我姓钱，但是我不爱钱。"这是钱学森的至理名言，也是他的财富观。这里有一个很有趣的故事。钱学森 90 岁生日前夕，霍英东基金会通知钱学森去广东领奖，由他的

夫人蒋英教授代领。蒋英出发前对钱学森说："我代表你去领奖金了"。钱学森说："你去领支票？"蒋英说："是的。"钱学森幽默诙谐地说："那好，你要钱，我要奖。"他这是在谐音夫妻二人的姓氏："钱和蒋。"一句话，把周围的人全逗乐了。

其实，钱学森自回国以后，直至晚年，他除了将自己的知识和智慧奉献给了祖国和人民，同时还将他一生中较大笔的收入统统捐了出去。

1958年，他在美国出版的《工程控制论》一书被翻译成中文。同时《工程控制论》获自然科学一等奖。后来他参与组建中国科技大学，并亲自到科大力学系授课。钱学森发现，听课学生大部分来自农村，家庭贫困，许多人连计算尺都买不起。没有计算尺和其他必备的学习用具怎能学好力学？于是他毫不犹豫地将《工程控制论》一书的稿酬，加上奖金，共计1.15万元捐给科大力学系，给学生买学习用具。要知道，这在当时可是个惊人的数字！

上世纪80年代初，出版了钱学森等著《论系统工程》一书。钱学森将他自己的那份稿费交给了当时的秘书王寿云，说："你们现在开展系统工程研究，连一点活动经费都没有，这个钱就拿去当活动经费吧！"

钱学森晚年曾获得两笔科学奖金：一笔是1994年何梁何利基金奖，100万港元；另一笔是霍英东设的"科学成就终生奖"，100万港元。这两笔奖金的支票还没拿到手，钱学森就让人代他写委托书，将钱捐给祖国西部的沙漠治理事业，把支票交给了中国科协科学技术基金下面的"沙产业奖励基金"。此外，钱学森平时和别人联名发表文章，总是把稿费都给合作者，他说："我的工资比你高，这钱留给你买书用吧！"有的报刊重发了他的文章，寄来稿费，他总是让人把稿费退回去，说："重复收稿费不符合国家规定，我们一定要严格按规定执行。"

在科研上建树越多，他的心态则愈近淡泊。钱学森说，"如果不是工作需要，最好什么官都不要当。"国防部第五研究院成立时，他是院长，什么都要管，火箭动力要管，附属幼儿园也要管……最后，他主动向聂荣臻提出当副院长，专管科研。

钱学森做人有四条原则：不题词；不为人写序；不出席应景活动；不接受媒体采访。"宠辱不惊，看庭前花开花落；去留无意，望天上云卷云舒"，钱学森就是这样淡泊人生，胸怀坦荡。

"歌声使我豁然开朗"

钱学森十分爱学习他感兴趣的事物，而听音乐是钱学森主要的休闲养生方式。他认为，音乐给了他慰藉，也引发了他幸福的联想。

钱学森不仅是科学大师，而且在音乐、绘画、摄影等方面也颇有造诣，尤其喜欢弹钢琴。他家的客厅约有20平方米，一架钢琴占去了四分之一的面积。钱学森的夫人是著名的声乐家、中央音乐学院的教授蒋英。

钱学森自幼热衷于水墨丹青，中学时代是有名的铜管乐手。钱学森早年求学时虽然学的是自然科学，但同时也学过钢琴和管乐。他在上海交通大学学习时，是一位出色的圆号手，曾是学校铜管乐团的重要成员。

钱学森这样总结音乐对他的影响："音乐艺术里所包含的诗情画意和对人生的深刻理解，丰富了我对世界的认识，学会了艺术的广阔思维方法。或者说，正因为我受到这些艺术方面的熏陶，才能够避免死心眼，避免机械唯物论，想问题能够更宽一点，活一点。"

吴西：长寿四件宝，百岁有高招

当105岁的吴西老人一口气写完一幅书法作品时，在场的所有人都情不自禁地将热烈的掌声送给了他。被誉为"军中书法家"的老将军，其长寿秘诀是什么呢？"架子放得下，朋友合得来，学习研究深，生活有规律。"吴老说。

架子放得下

吴老说："人上了年纪，身体健康状况越来越差，往往长期局限于家中活动，再加上子女工作忙等原因，感觉孤独、寂寞是很常见的。但老人不能因此而消极以待，形成恶性循环。要想健康长寿，关键还得靠自己，想开点、走出去。我的经验就是，老年人要放下架子，平等待人，宽容处事，关爱子孙，多与家人促膝谈心，多为子女排忧解难，让家人觉得老人家是家中宝，缺少你不行。"

朋友合得来

吴老说，他平生喜欢结交朋友，一旦遇到困难，朋友之间可以互相关照，大家也会很开心。朋友对吴老也赞不绝口，说他是朋友圈的"掌柜"，不仅性格随和、爽朗，而且为人处事也好，有什么事找他，他都尽力帮忙。

学习有研究

离休后，吴老爱上了书法艺术，且到了"痴迷"的地步。吴老认为，练得一手好书法，必须心手双畅，心无旁骛，目不旁观，集全身之功力于笔端，其架势和气功有异曲同工之妙。既能舒活经络、畅通脉息；也能使人情志舒畅、体质增强，延缓衰老。经过 20 多年孜孜不倦的练习，吴老的各种疾病也不治而愈。当有人向他请教养生之道时，他说："我的健康得益于书法艺术。"直到如今，吴老仍每天坚持练习书法。

生活有规律

健康而有规律的生活方式也是吴老高寿的原因。他不抽烟，不喝酒，也不打麻将。每天早晨 6 点起床，先做 1 个小时的自我按摩；晚上就寝前，再做半个小时自我按摩。他重视营养均衡，一日三餐十分简单，早餐一个花卷，一碗稀饭，一个鸡蛋，一小碟青菜或豆腐；午餐一碗米饭，菜肴一荤一素，一碗菜汤；晚餐吃些小米面窝头或素馅包子，加一小碟青菜。此外，老人每周要吃几次肉，他认为，适当吃些肉不仅对身体无害，而且还有益于人体的健康。

宋双来：勤奋学习　生活充实

宋双来，1926 年 4 月生于河北武强县，14 岁参加革命，15 岁入党，是著名的全国战斗英雄，参加过大同、正太、石家庄、平津等战役。立特等功一次，三等功两次，获独立自由奖章、三级解放勋章。1950 年 9 月，光荣出席全国第一届英雄模范代表大会，并受到毛泽东、刘少奇、朱德、周恩来等党和国家领导人的亲切接见。

作为从战争年代走过来的老兵，宋将军离休身不休：讲我军革命光荣传统，说战斗英雄故事，培养教育下一代，是老将军离休后一大乐事。学校里、军营中，经常活跃着老将军的身影。他常说："只要我还走得动，人民军队 80 年的光荣传统，我就要一直讲下去。"

动脑动笔闲不住

宋将军 14 岁当兵，从小家里穷，上不起学，在部队，他珍惜每一次学习的机会，从高级步校到军事学院，他门门课都得满分，一直拿到了大学本科的文凭。

离休后，学习时间充足了，他订了许多报纸、杂志，还经常买书。他有个好习惯，只要读书看报，身边必备字典、笔记本，遇到不认识的字、不懂的词，他就去查字典、词典，一定要弄个明白。遇到好言好语好文章，都要记下来或剪下来，作为学习资料。有什么疑惑，也要记下来，慢慢释疑。

平时，老将军经常告诉身边工作人员："趁着年轻，要多看书学习，不要把时间都浪费掉了。"凡是按他教导去做的工作人员，有的考上了军校，有的学会了专业技能，个个都有出息。有一位警卫员，考上了空军飞行员，后来，当上了空军团参谋长；还有一位曾跟随他的战士，一步一步靠自己的努力提到了少将。

散步、钓鱼不得闲

宋将军离休后，有两大爱好，一是钓鱼，二是散步。

离休前工作忙，未曾光顾过鱼塘。离休后无事，战友相约到郊外钓鱼，他便动心了。南方农村，青山绿水，坐在塘边，嗅着清香的绿草味，沐浴在阳光下，真是心旷神怡。就这样，一来二去，宋将军慢慢对钓鱼来了兴趣。他置起了钓鱼工具，订了《钓鱼》杂志，成了钓鱼爱好者。

回到北京后，干休所经常组织郊外钓鱼，他从不落下，场场必到。到了鱼塘，鱼竿一支，草帽一戴，眼盯鱼漂，目不转睛，全神贯注。只要鱼漂向下一沉，马上提竿，一条鱼上得钩来，无论大小，都有说不出的兴奋。渔人之乐，是非钓鱼人体会不到的。收竿回家，晚上准能睡个好觉。

钓鱼让他锻炼了身体，还获得了不少奖牌。十几年来，他获得过河北钓鱼邀请赛第三名；八一俱乐部钓鱼比赛第三、六名。

宋将军常说："最好的运动就是走路。"每日饭后半小时，他便出去散步，一次 30～60 分钟，约走五六里路。每次出行，他都要挂拐杖，还打趣地说："人家两条腿走路，我是三条腿走路。我的腿关节磨损 80 多年了，为省着点用，我要给自己增加一条腿，用三条腿来分担全身的重量。"他锻炼的原则是：根据季节、天气、身体状况，适度锻炼，以不累为标准。散步中，他结识了不少普通市民，不管是修自行车的、摆小摊的，还是街道的老大妈，都跟他们聊，而且非常聊得来。他觉得，广泛接触群众，一了解民情，二学到不少知识。

当附近的居民知道他是老英雄、老将军时，更添了几分敬重。

★ 健康箴言

◎要想长生，小便长清。

释义：小便担负着排出体内代谢废物的任务，小便清澈表示代谢正常，身体健康。

◎午饭后要坐，晚饭后要走。

释义：午饭后静坐一刻钟，能促进血液运行，起到养神、养气、养筋的作用。晚饭后先休息片刻，然后散步

10～30分钟，有助消化、避免发胖，对身体十分有益。

◎练雪不练雾。

释义：这句谚语是告诉人们，下雪天空气清新可多进行室外锻炼，而雾天污染较重，则不适宜户外运动。

◎少戒色，壮戒斗，老戒得。

释义：青少年时期，由于发育不成熟，不宜贪恋美色。中年时，气刚性任、好胜善斗，所以应平心静气，和谐宽容，"戒之在斗"。老年时，身体逐渐虚弱，不应再竭力追求名誉、地位和金钱。如果贪婪无度，会大伤元气，损身折寿。

◎白菜吃半年，医生享清闲。

释义：传统医学认为，白菜性味甘平，有清热除烦、润肠通便、生津止渴等功效，经常食用可强健身体，不生杂病。

★ 保健小贴士

◎喝完红酒、啤酒、白酒后一定要及时漱口，让清水在嘴里含漱15秒，然后吐掉，以免酒精腐蚀牙齿。

◎坚果入口生香、营养丰富，是很多人喜爱的休闲食品。但专家提醒，腹泻患者最好别吃坚果，因其富含油脂和膳食纤维，能润肠通便，加重腹泻。

◎冬季为了避免脚底受凉，不少老人会在家穿双棉拖鞋。需提醒的是，拖鞋长度以刚刚塞满脚为好，这样既能让双脚充分放松，还能防止老人跌倒。

◎感冒头疼时，用毛巾热敷双眼、头颈、鼻子及风池穴，有缓解头痛、提神醒脑之功。

◎老年人若打嗝不止，不妨试试热水止隔法。喝一大口热水，分 7 次咽下，有助缓解不适。

◎肩膀僵硬，可在热水中加少量盐和醋，搅匀后浸入毛巾，用其热敷患处，能放松肌肉、缓解疼痛。

◎麦粒肿初起时，为止痛消肿，可冲杯绿茶，用热气熏蒸双眼，每日 3 次，每次 10 分钟。

◎随着天气逐渐转寒，火锅也受到越来越多人的青睐。但专家指出，痛风、糖尿病、呼吸道疾病及消化道疾病患者最好少吃火锅，以免加重病情。

◎不少人吃完橘子后，喜欢用橘皮泡水喝，但这种作法可能有损健康。因为橘皮含有一种有毒的挥发油，其表面还可能附着农药或保鲜剂，未经处理直接食用会刺激肠胃，引起腹泻等症。

◎葵花子富含维生素 E，有助滋润皮肤、促进血液循环，寒冬时节适量吃些葵花子能防止手脚干裂。

◎阿尔茨海默症患者的房间最好用淡绿色、浅黄色、深蓝色等鲜亮的颜色装饰，可刺激患者视觉，改善猜疑、忧虑等消极情绪。

第五章
以廉养生，为修身健康之路

智者云：

> 廉者心理平衡，无嫉；廉者知足常乐，无欲；
>
> 廉者尊重现实，无嗜；廉者注重养生，无疾；
>
> 廉者仁爱为怀，无恶；廉者健康生活，有方。
>
> 廉者廉洁勤政，养心。

改革开放以来，我国社会经济、城乡面貌、人民生活都发生了巨大变化。随着物质水平不断提高，人们对健康长寿越来越重视，保健养生已成为一个热门话题。细细品味当下流行的养生之道、健体之法，大都与医学、饮食、运动等内容有关，其实精神层面的养生同样不容忽视，特别对公职人员来说，应重点关注"廉洁养生"。

古语有"淡泊人生蓄以明志，清廉处事方能致远"之说，指的就是为官者如果能做到淡泊明志，宁静致远，则有助愉悦身心，延年益寿。正如中医典籍《黄帝内经》所言："恬淡虚无，真气从之，精神内守，病安从来。是以志闲而少欲，心安而不惧，形劳而不倦……故合于道，所以能年皆度百岁而动作不衰者，以其德全不危也。"它告诉我们，一个淡泊名利、无忧无虑、内心清净、有德行修养、能够控制个人欲望的清官，必能健康长寿。因此，廉能治病，不廉则致病，廉洁益于养生。

廉者心理平衡　无嫉

心理平衡是健康长寿的首要因素。这是因为，有了心理平衡，才能拥有生理平衡，进而使人体的神经系统、内分泌系统、免疫功能、各器官代偿功能处于最协调的状态，降低患病几率，延长健康寿命。

廉洁为官者心理平衡、人格完善、心地善良、宽以待人，无嫉妒和害人之心，其人生犹如明镜一般光洁明亮，不会给自己带来苦恼和忧烦，因此乐观豁达，健康长寿。相反，不廉洁者心术不正、诡计多端、巧言附势、损人利己、心态失衡、嫉妒成性，经常使自己处于担惊受怕、劳心伤神等不良心态中，严重损害身心健康，这类人势必和长寿无缘。

巴西医生马丁斯曾对583名被控有受贿行为的贪官和583名廉洁官员作了10年的跟踪调查。结果发现，不廉洁的官员中有116人患病或死亡，其中死于癌症者占60%，死于心脏病的占23%，其他占17%；而廉洁官员中仅有16%的人患病，而且在调查期间无死亡。《人生延寿法》指出："一切对人不利的影响因素中，最能使人短命夭亡的，要数不良情绪和恶劣心境，如忧虑、忌妒和憎恨、猜忌等。"而贪官往往心态失衡、嫉妒心较重、心胸狭窄、度量小，进而导致情绪波动，削弱自身抵抗力，降低免疫和胃肠消化功能，诱发胃溃疡、心脑血管病、高血压、失眠、早衰等诸多疾病，甚至成为心脏病的"导火索"，癌症的"助燃剂"。

廉者知足常乐　无欲

　　老子在《道德经》中说："出生入死。生之徒，十有三；死之徒，十有三；人之生，动之于死地，亦十有三。夫何故？以其生生之厚。"老子分析，自古以来大体可将人分为三类：自然活到老的占三成；因不可抗拒因素而夭亡的人占三成；原本可以长寿却因自身原因短命的人，也占三成。这第三种人"出生入死"，是什么原因呢？老子指出"以其生生之厚"，因为他们贪图享乐的欲望太重，贪得无厌、奢侈腐化、胆大妄为、忤逆天道，而堕入死地，跳不出"人为财死、鸟为食亡"的陷阱，完全是"祸福无门人自找"。

　　孔子曰："乐以忘忧，不知老之将至。""谦者常乐无求，贪者常忧不足。"由于廉洁为官者知足常乐，无功利之心，懂得珍惜现有的美好生活，不会滋生邪念，不在乎个人得失，不贪图享乐，不会自寻烦恼，所以心宽体健享天年，也就是说一个无忧无惧，人际关系良好，福禄有余的清官，通常会身心愉悦，健康长寿，而不廉洁为官者往往永不知足，功利心重，总是计较个人得失，为一分一毫费尽心思，忽喜忽忧，人生根本无平静可言，活得一点都不洒脱，嫌贫爱富、欲壑难填、攀龙附凤、跑官要官、不择手段，为权利，为金钱，为美色而绞尽脑汁、废寝忘食……由于时刻担心自己的腐败劣迹暴露，他们常常食不知味，夜不能寐，惶惶不可终日，心理常处于高度紧张的状态。特别是案发后，更因巨大的心理压力而精神崩溃，事实告诉我们：一个心术不正，总是不满足，唯利是图，损人利己的贪官，怎么会不憔悴虚损，多病短命？

　　病由心生，心理压力是百病之源。有研究表明，当情绪低落时，身体的抗癌能力就会降低 20% 左右。广州某医院肿瘤中心的一个资料显示，在他们救治的肿瘤患者中，有相当比例的人是因贪污受贿等原因被撤职或正被调查的官员。这些人当中，普遍存在着不安、恐慌、暴躁、抑郁等负面情绪。事实说明，凡是贪官心理压力都较大，之所以易患病或短命，多由其心中的贪欲和压力所致。古人云："志以淡泊明，节从肥甘丧。"一个人的气节情操只有在恬淡自在、清心寡欲、满足现状中才能表现出来，而花天酒地、纸醉金迷的生活只会让人丧失气节，失去健康。中华医学会会长、中国工程院院士钟南山曾说过：人做到知足常乐，心理平衡，才是真正的养生之道。

廉者尊重现实　无嗜

　　《孟子·尽心下》中有"养心莫善于寡欲"之说，孟子指出，修身养性最好的方法就是减少各种私欲。廉洁为官者无贪婪之心，面对功名利禄，不会出卖自己的灵魂，一味攫取；面对权利，不出卖人格，趋炎附势；面对金钱，不会无视公道，巧取豪夺；面对美色，不会无视伦理道德，一味占有。由于他们能做到知足少欲、身心自在，自然心理压力小，百体安康，乐享天年。相反，贪官却心旌摇荡，欲望难填，不能自持，整日被官欲、利欲、色欲、贪欲、嗜欲所迷并深陷其中，被欲海所吞没……长期处在紧张、焦虑、恐惧、悔恨、自责、内疚、心怀敌意等心境下，就会出现心不宁，神不安，情性急燥，忧思愁苦等表现。难以得到心理上的平衡和精神上的安宁，日久便会伤精耗神，进而引起多种疾病甚至早逝。

笔者发现，现代人大多注重肢体的清洁，如经常去美容、洗澡、蒸桑拿等，却很少有人关注心灵的洁净，从没给自己的心灵美过容、洗过澡，造成心理上欲壑难填，以致扭曲，进而做出伤天害理之事。中医认为：喜、怒、忧、思、悲、恐、惊，"七情"不可过度，过则"怒伤肝"、"喜伤心"、"思伤脾"、"忧伤肺"、"恐伤肾"，使脏腑功能受损，出现气机紊乱，气血失调，导致多种疾病发生，影响身体健康。现代医学研究也证实：不良心态会使生理功能受损，如精神过度紧张、大怒、大喜等均可使大脑分泌出"毒性荷尔蒙"，影响全身器官的血液循环和激素分泌，导致肾上腺儿茶酚胺增多，血压升高，心率加快，进而诱发心绞痛、心率失常、心肌梗塞、脑溢血甚至猝死。心理学专家研究发现，为官者私欲多了，气度就会变小，心术就会变得险恶、心胸狭窄、心态失衡，进而导致短寿或夭亡。有些人生活好了，就去追求名利劳心伤神，可身体却每况愈下，幸福指数也随之降低。古往今来，不知有多少为争权夺利、贪财好色的贪官被"贪欲"所毁，身败名裂，命赴黄泉。

廉者注重养生　无疾

健康长寿、长命百岁是每个人的心愿，特别是为官者，有职衔、有权利，更是眷恋这繁华的人世、富足的生活。与普通老百姓相比，他们更注重养生保健，这也无可厚非。当前，全党全社会都在大力加强党风廉政建设，特别是要求各级领导干部遵纪守法、严格自律，做勤政、廉政的表率。那么，我们不妨把廉政与养生联系在一起，探讨一下他们的关系。

廉者清心　养生必先养心。但凡廉政者无不是清心寡欲之人，他们的占有欲、征服欲都很弱，不会为了名利而营营苟苟、勾心斗角、算计他人，也不怕被别人算计。这种不设防的心态，让他们活着很轻松、洒脱，自然健康长寿。而一些人为了当官、弄权、贪财而请客送礼、溜须拍马、争强斗狠，不是挖空心思去算计别人，就是提防被别人算计，这样下去势必让人整天处于紧张、焦虑之中，而且这种心态也不利于养生。

廉者清淡　古诗云："财色酒气四面墙，人人都在里面藏。若有人能跳出来，不是神仙也寿长。"通常廉政者不会为了升官发财而"上蹿下跳"，也不会忙于应酬请客吃喝，食则家常便饭，因此很少得酒精肝、高脂血症等"应酬病"。而一些人为了保位子、捞票子、挣面子而敷衍于官场、奔波于市场、活跃于情场，劳心又伤身，又谈何养生？

廉者安详　"君子坦荡荡，小人常戚戚。"凡廉政者心胸坦荡、光明磊落，能够做到不怕、不悔、不争、不妒。不怕，即不怕上头查，不怕群众骂，不怕别人告，对自己的人生选择和所作所为无怨无悔，每当回首往事更是无愧于心；所谓不争，就是不争名夺利，做到无欲则刚；别人比自己强也不心生嫉妒，而是真心去赞美、祝福别人，有一颗仁爱之心。贪者则不然，不但争强好胜、争权争利，还经常因为做过一些道德违法之事怕别人算账而内心不安、夜不能寐，同时还对比自己强的人心怀嫉妒，这样下来，心情怎能安详、身体怎能康健？

廉者家和　俗话说，家和万事兴。有关专家研究发现，家庭幸福是健康长寿的有力保障，因为和谐的家庭氛围、愉快的心情胜过任何补药。由于廉政者加强自身道德修养建设，做好表率，又能安贫乐道、廉洁自律，所以家庭大多很幸福，妻贤子孝、家庭和睦。而一些贪官则不然，作风霸道，对家人也是颐指气使、专横跋扈；自己不学无术、胸无点墨，家人也粗鲁浅薄、骄傲无礼；自己贪得无厌、挥金如土，家人也奢侈浪费、挥霍无度；自己作风不正，家人也伤风败俗、不加约束。这种妻不贤、子不孝、家不和的生活，到头来只会让人短寿。

廉者多友　孔子说过，"益者三友，损者三友。友直、友谅、友多闻，益矣；友便辟、友善柔、友便佞，损矣。"物以类聚，人以群分，君子群而不党，小人党而不群。廉者往往多交一些正直、宽容的朋友，你有过错他能提出来并宽容你，你有困难他会热心帮助你，这对工作、生活乃至养生是有利的。而那些贪官污吏往往会结交一些臭味相投的狐朋狗友，这些人不但一起捣弄别人，还非常善于互相捣弄，他们即使构成了所谓的朋友，也是为了利益短暂相聚。平时你好我好大家好，一旦东窗事发，就会树倒猢狲散，甚至落井下石，这种互相猜疑、互相倾轧的人际关系，更不利于养生。

廉者仁爱为怀　无恶

德，即"为人之道"、"做人之理"。正所谓"顺德者昌，逆德者亡。"（东汉班固《汉书·高帝纪上》），其意为：顺应道德的人才会昌盛，忤逆道德的人必然败亡。廉洁为官者崇德、修德、行德，注重思想品德的修养，处处有仁爱之心，与人为善，处处行仁爱之举，助人为乐，而"百行德为首"。所以这种有仁爱之心和力行官德的人心理较平和，故而"仁者长寿"，寿命相对延长。正如孔子所言："大德必得其位，必得其禄，必得其名，必得其寿。"（《礼记·中庸》）意为：有伟大德行的人必定会获得他应有的地位，必定会得到他应有的福禄，必定会得到他应有的名声，必定会得到他应有的年寿。相反，贪官者满嘴仁义道德，却一心只图高官巨富，一肚子男盗女娼，阳奉阴违，尽做"缺德"事。他们抛弃美德，崇尚邪恶，无仁爱之心，不注重德行修养，必然经受不住权力、金钱、美色的诱惑，伸出了不该伸的手，拿了不该拿的钱，享受了不该享受的生活，最终必将自己送进监狱，甚至要走向断头台，断送自己的生命。

廉者生活健康　有方

人是自然生命、精神生命和社会生命共存的物体。可以这么说，如果是一个心无恶念，不贪不占，饮食有节，起居有常的清官，就能够从自己俭朴、平常的生活中品味出幸福和快乐，感悟到自由与充实的话，这样的健康生活方式就是一种养生。也就是说养生是一种生活习惯，一种健康的生活方式。虽然每个人的生活方式和习惯会有所不同，但可以将养生融于生活的方方面面，比如工作再忙，每天也要抽出十分钟，做一些适当的运动（如养生操、经络按摩、拍打穴位等），既可以调整自己的身心状态，消除疲劳，又利于培养个人的兴趣爱好，陶冶情操，这样会使自己感到快乐、自由和充实。心理学家告诉我们：自觉保持快乐的心境既是一门健康的科学，又是一门生活的艺术，就看你是用"春风桃李花开日"的积极、乐观思维看世界，还是用"秋雨梧桐叶落时"的消极、悲观思维看世界了。因此，心闲气静处处皆养生，皆可培养个人爱好，如唱唱歌，跳跳舞，学几套健身操，邀上三五好友到青山绿水间登高、垂钓，在游戏中强身健体等。这样的"贪玩"可以摆脱失落感和自卑感，避免"贪占"等不良邪念的产生。在活动身体的同时，又陶冶了情操，保持了心理健康，一举多得。古人将宫、商、角、徵、羽五音同人体的脾、肺、肝、心、肾五脏和思、忧、怒、喜、恐五志有机地结合在一起，用来养心修身。现代医学研究发现，音乐能调节呼吸系统、消化系统和循环系统的功能，可见好的音乐也是一剂心灵补药。买几张自己喜欢的 CD，打开音响听一听，既可以消除疲劳，又能安神养心。绘画和书法被喻为纸上的音符。书法，或细纤如线似流水行云，或刚劲如铁似苍松峭壁，运笔时凝神静气，万虑皆息，头正、肩松、身直、臂开、足安、意力并用，隐隐之间似有一股暖流贯穿全身。习书法动中有静，是一种很好的养生之道。绘画亦有同样功效。种花养草，有助舒筋活血，草的绿、花的美，能刺激视觉神经，给人以纯洁和美好的享受。茶余饭后观之，顿觉赏心悦目、气爽神清，疲劳和烦恼也随之烟消云散……故从这一层面上讲，安贫乐道、善于发现生活中的快乐和幸福、积极培养兴趣爱好，也不失为一种养生之道。

廉者廉洁勤政　养心

当代心身医学的基本论点其实和祖国传统医学的"情志异常、七情内伤"的看法相通，即：消极的心理因素会透过躯体化的方式进行表达，改变生理机能，造成身体疾病。倘若官员们的心理压力或心理障碍长期无法缓解，最终就会损害身体健康。

我国著名心理学家王极盛教授在其代表作《心灵时代》中，将癌症的心理特征归结为不良情绪和不良的人格倾向。他提出：长期的不良情绪会造成人体免疫功能下降，不良的人格倾向，比如多疑、急躁、性格内向、不稳定等，也容易诱发癌症等。医学研究发现，引发心脏病的心理因素包括愤怒、紧张以及急躁、竞争性强等。那些不廉洁的官员们，他们的心理特征和人格模式恰恰包含了上述消极心理因素。"手脚不干净"的官员往往"谈腐色变"，由于时刻担心自己的腐败劣迹暴露，心理一直处于高度紧张的状态："唯上"不"唯实"的官员，最头疼群众信访，担心自己负责的领域有问题暴露，问题越复杂，心理压力越大，愈发焦虑不安，甚至夜不能寐。原安徽省涡阳县县委书记徐保庭（因受贿被判刑）在任时，来访的记者每次跟他谈及腐败现象时，他或是一再标榜自己廉洁勤政，或是有意回避，但是豆大的汗珠往下滴。像这样心灵倍受煎熬的人，怎能不生病？

官员们心理压力大，心理障碍难以排解，有的人不得不长期生活在面具之下。这些人急需心理养生。所谓心理养生就是以积极光明的心境面对压力，提升心理免疫能力，摆脱亚健康状态的困扰，实现身心平衡。消极心理因素正是经过长期的亚健康状态，逐渐发展到严重的身体疾病。而焦虑感、罪恶感、疲倦感、烦乱感、无聊感、无助感、无用感，这些负面心境都是人类身心处于亚健康状态的报警器。2006 年 4 月，河北沧州市审计局官员张洪涛猝死在酒店门前；此前的 2003 年 12 月，广东汕尾市华侨管理区纪委书记黄某猝死在豪华按摩房。且不说官员出现在此类场所是否合适，单从心身医学的角度来看，即便是同样的过量饮酒或接受按摩，这些被负面心境困扰而处于亚健康状态的患者猝死几率也会比健康人高得多。

那些被控有贪污受贿行为的官员，他们的心里在想什么？心理学家弗朗克归纳了四种常见的不良心理形态，分别是醉生梦死、宿命的态度、随波逐流、唯我独尊。这四种心理形态对贪官都很适用。廉洁的心理养生法恰恰可以防治这四种负面心境。廉洁者相信未来，相信世界上最终存在着公正的秩序，相信负责任的生活必有回报；廉洁者相信"我欲仁，斯仁至矣"，始终保持着积极光明的心态；廉洁者相信违反人性的风尚不会持久，违反人性的行为必遭追究；廉洁者没有丧失爱人的能力，往往会以自我呵护的方式来化解与整合内在的不安，而不会任心中的欲望肆虐，更不会沉溺于强烈的攻击当中。

养生的最高境界是养心，而养心的最好方法则是寡欲。一个人如何避免成为金钱财富的俘虏，或深陷其泥潭而不能自拔，甚至为了金钱而丢了性命？老子认为，应该保持平凡，坚持朴实；减少私念，降低欲望"见素抱朴，少私寡欲"（《老子·十九章》）。人最宝贵的是生命，对于贪官者来说，最宝贵的是自由。人生活在社会中，有着各种需求，在追求各种外在目标的过程中，如果我们不能经常停下来审视前进的方向，过于疲惫的心灵就有可能会陷入对物质、金钱、权利的盲目狂热追求中，人云亦云，随波逐流，自以为得到的越多，拥有的幸福与健康就越多。其实不然。无论是陈自崖的自勉"事能知足心常惬，人到无求品自高"，还是冰心的"事因知足心常乐，人到无求品自高"，都告诫我们：想做清官就要摆脱功名利禄的羁绊和低级趣味的困扰，祛除贪心，看淡世事无常，静观花开花落，让心灵慢慢得以升华。功利虽好，不可趋之若鹜；名财虽宝，不必为其所累。清除了"贪与占"，也就释放了心灵、成就了自己，才能收获未来的坦然与平和；才能最大限度的获得精神独立与生命的自由；才能让生命再次轻盈地远行。试想，一个收受了贿赂，又不敢存到银行，贪赃在手，连一个安稳觉都睡不好的贪官，健康又从何谈起？一个心情郁闷，患得患失，满脑子污浊卑劣鄙陋想法的贪官，怎么会不短命？怎么能够做到"与天地合其德，与日月合其明"，从而达到"年皆度百岁而动作不衰"的养生、防病、抗衰老境界呢？这就需要我们充分理解廉能治病，不廉则致病，廉洁益于养生的深刻含义，并时刻自省。

★ 名人养生谈

阎捷三：开国少将的养生经

1955 年被授予少将军衔的阎捷三，是山西省晋城县人南村镇人，生于 1905 年 7 月，卒于 2006 年 1 月，享年

101 岁。

　　有人用"三将"概括阎老的一生：从红军大学，彭杨步校、抗大分校到第二十五步兵学校、后勤学院，他数十年耕耘在三尺讲台，是位"儒将"；从排长、连长、营长、团长到师长、副军长，他率部转战南北，攻城略地，是位"战将"；从晋军、国民革命军到红军、八路军、解放军，他走过枪林弹雨，却未负重伤，晚年迎来百岁华诞，儿孙满堂，是位"福将"。

　　将军取名含深义

　　阎捷三生于一个农民家庭，在兄妹 5 人中他排行第三，父亲给他取名叫阎润法。读小学时，当他见到《修身》中"富润屋，德润身"的话时，过目难忘，便自作主张改名为"润身"，意在勉励自己做一个有修养的人。1926 年的一个冬季日，他和儿时的两个同学相邀一起报国投军。在走出自己的村镇之前，他又给自己改了一个名字——捷三。他自己解释说："捷就是捷报频传、胜利凯旋的意思。我在家又排行第三，所以叫捷三。这个名字对自己有激励作用，我要做到不怕挫折，连续奋斗，不达目的，誓不罢休！"

　　红军歌谣记心间

　　阎捷三是跟随中央红军参加长征的。当年红军宣传革命的歌谣，简明、生动、易记，朗朗上口，含义深刻，让阎老过目不忘，牢记心间。尽管已经过去了 70 余年，岁月蚀去了无数的记忆，但这些歌谣，却始终深深地刻在他的脑海里。直到暮年，每逢谈起这些，他还能如数家珍般地娓娓道来，有时还一边解说一边哼唱。

　　他还清楚地记得，在中央红军开始长征之前，在根据地广泛传唱着这样两首歌谣。一首叫《当兵就要当红军》：

"当兵就要当红军，处处工农来欢迎。长官士兵都一样，没有哪个压迫人。当兵就要当红军，处处工农来欢迎。打倒土豪分田地，咱们穷人得翻身。"另一首是《穷人都来当红军》："苏维埃，工农兵，共产党领导闹革命，穷人都来当红军。打倒国民党，消灭白匪军。打土豪，分田地，没有房的有房住，没有田的有田耕，劳苦大众从此享太平。"红军歌谣，言简意赅，在当年具有很强的感染力和号召力。即使今天哼唱起来，仍会令人感受到强烈的震撼和巨大的力量。

健康长寿有"预算"

进入耄耋之年的阎老，有一次在接受记者采访时说："大家都夸我身体好，说我能活到一百岁，我总觉得大家还说少了！记得解放海南岛之后，我提出到军事学院去学习。上级没有同意，说眼下正是用人的时候，何况你的年纪也大了。我一想，也是呀！当时我已是奔50岁的人了。既然工作岗位上需要我，那我就边学边干吧！谁又曾想到，又一个50年快到了，我还健康地活着呢！可见，我当年健康长寿的"预算"太保守啦！随着社会的发展，国家为人们的健康长寿提供了多方面的条件，过去常说人活七十古来稀，现在活到百岁又算得了什么？""我提倡健康长寿，健康长寿才有意义啊！至于我的养生之道，可以归结为三条：一是坚持运动，既包括身体锻炼，也包括脑力锻炼；二是注意营养，多吃些杂粮和蔬菜；三是心情舒畅，这是最重要的，笑一笑、十年少嘛！"

久经沙场的阎老襟怀坦荡，淡泊名利，从不把个人得失、权利和金钱放在心上。他常对身边人说："在战争年代，有那么多好同志都牺牲了！我是幸存者，还有什么可计较的?"他从未用过手中的权利为子女和亲友谋过私利，子女们也从未用父亲的关系办过一件私事。"不该管的事，一概不管；求别人的事，一概不干!"这两个"一概"，是阎老做人、做事、做官的一贯准则。正因为如此，他才赢得了家人和官兵的广泛尊敬与高度爱戴。

"不求索取，甘愿奉献；勤于学习，坚持锻炼；植根群众，普通一员；保持快乐，身心两健。"短短32个字，就是阎老晚年生活的真实写照。

林则徐：清廉自守的养生观

林则徐，这位在鸦片战争中勇叱三军、威慑敌胆的民族英雄，一生清正廉洁，为国家为人民办了不少好事，晚年归乡退隐后，仍然保持着高风亮节。他晚年自撰的几副对联，就是他人品和官德的生动写照，迄今读来令人肃然起敬。

坐卧一席间，因病得闲，如此散材天或怨；

结交千载上，过时为学，庶几秉烛老犹明。

林则徐的故居在福州市西湖附近的文藻山、那里的环境虽然幽静，但地势低洼，春夏之交，闽江水暴涨，房屋常常被浸，俗称"大水厝"，福州人一般不愿意在此居住。然而，林则徐却不嫌弃，安然住下，自得其乐，在"坐卧一席间"的简陋住所"过时为学"，锲而不舍地学习，过着平淡而充实的晚年生活，其精神境界和坦荡心胸令人敬佩。

师友肯临容膝地；儿孙莫负等身书。

这是林则徐自撰的另一副对联。林则徐有一书房，面积不大，他退隐后虽已届晚年，却和年轻时一样，在"容膝地"的书房孜孜不倦地学习。他每月都约集族中才人新秀到家中会文，取名为"亲社"，他亲自命题、阅卷、批改，对优秀文章给予奖励，其学习精神诚为可贵。他还时时勉励后辈勤奋读书，寄希望于儿孙不断学习进取，"莫负等身书"。其书房现已成为文物遗址——"林文忠公读书处"。

子孙莫如我，留钱做什么？愚而多财，益增其过；

子孙若如我，留钱做什么？贤而多财，则损其志。

这是一副深蕴哲理、意味隽永、耐人品味的警策联，镌于福州林则徐祠。林则徐一生清廉自守，对子女要求特别严格，晚年仍不忘教育后辈。按照世俗观念和处世哲学，为官一任，总要给子孙留点钱财，福荫后代；而林则徐则辩证地提出"留钱做什么"。他认为，留钱给子孙，"愚而多财，益增其过"，而"贤而多财，则损其志"，在对待子孙问题上，体现出他的人生观、价值观、金钱观，引人深思、警醒。

★ 健康箴言

◎健康是一种素质，更是一种态度，拥有健康的身体和一颗年轻的心，就是人生最大的财富！

◎健康犹如井中水，井枯方知水宝贵。人失去健康，如同干枯的禾苗需要水，鸟儿失去翅膀不能飞。

◎"健康十个一"：一个宽阔的胸怀，一种规律的生活，一种合理的饮食习惯，一种适合自己的锻炼方法，一种乐观开朗的性格，一种能调节身心的业余爱好，一种不向任何压力低头的意志，一种对待疾病的正确态度，一种对年龄的忘却，一个永远微笑的面孔。

◎"老人膳食十不贪"：不贪肉、不贪精、不贪硬、不贪快、不贪饱、不贪酒、不贪咸、不贪甜、不贪迟、不贪热！

◎晚上不熬夜、三餐不挨饿、玩乐不伤神、运动不过量、病痛不拖延。

◎身体保健，重在科学，贵在坚持，诀窍在于三个平衡：膳食平衡、动静平衡、心理平衡。

◎讲卫生常洗澡，室通风勤打扫，不偏食不过饱，素菜多盐糖少，高蛋白营养好，粗杂粮不可少，不讳病早治疗，预防多病痛少。

◎眠有定点，饮有定时，调和筋骨，均其劳逸，有作息之则，有运动之方，生活有序，长寿有因，生活方式决定健康！

◎贪吃贪睡，添病减岁；晚睡晚起，浑身无力。健康钟情勤劳，疾病青睐懒惰！

◎冬天不蒙头，春天不露脊，白露身不露，寒露脚不露，热不急脱衣，冷不急穿棉，冬不极温，夏不极凉。

◎节俭以养性，节食以养生，镇静以养心，运动以养身。

◎病从口中入，寒从脚下起，竹从叶上枯，人从脚上老。人之衰老始于脚，保健腿脚很重要，晚上热水常泡脚，脚底脉通全身好！

◎有什么别有病，没什么别没钱，缺什么别缺健康，健康不是一切，但没有健康就没有了一切。

◎钱不在多少，够花就好；子女不在多少，孝顺就好；朋友不在多少，有知己就好；年龄不在大小，健康就好！

◎人生最大的错误，是用健康换取身外之物。

◎当心灵趋于平静、理性升华至高点时，你会发现：平安是幸，健康是福，清心是禄，寡欲是寿！

◎锻炼身体就像银行储蓄，零存整取，积久即成巨款；养生健身如攀登高峰，不断进取，持之以恒必益寿延年！

◎金山银山，不如寿比南山！

◎生命靠不断吸收营养来维持，健康靠长期坚持运动来巩固；合理的膳食、良好的心态和持之以恒的运动，造就了旺盛的生命。

★ 养生歌谣

养生五字经

百岁不为奇，长寿有奥秘。

饮食不可偏，生活有规律。

少食而多餐，杂食更有益。

粮米蔬菜净，抹布要勤洗。

庭院常打扫，居室常整理。

健康靠锻炼，选项因人宜。

坚持不间断，方有好身体。

衣着随气候，莫要乱更替。

顺应生物钟，不能违规律。

睡前泡泡脚，活血又化淤。

看书多学习，作画与下棋。

大脑常用用，延缓衰老期。

闲时会挚友，谈天又论地。

豁达心情好，温和终益己。

心态保平衡，顺应自然律。

养生千条道，养心是根基。

益寿经

鬓发白，年古稀，体渐弱，不为奇。

勿熬夜，按时起，神智清，再下地。

一日事，有条理，慢节奏，大有益。

常锻炼，壮身体。幽静处，深呼吸。

头常梳，脚常洗。气候变，增减衣。

防感冒，莫大意。看电视，要歇息。

躲噪音，保听力。劳动活，须量力。

防骨折，别伤躯。食疗法，当劳记。

不偏食，善调剂；多清淡，少油腻。

酒少饮，烟禁忌；不过饱，勿受饥。

细咀嚼，防便秘。讲卫生，常查体。

活在世，应进取，重修养，淡名利。

遇烦恼，不生气。年龄增，不自弃。

习诗文，别求急。写日记，助记忆。

闻墨香，涂几笔。听音乐，调情趣。

第六章
以勤养生，为修身健康之法

中国有句老话："一懒生百病，勤动常年轻。懒惰催人老，勤奋得高寿。"可以说，凡长寿之人，都是勤快的人。凡是懒散之人，常常是不能终其天年。懒惰者大脑机能得不到充分运用，脑啡肽和脑内核糖核酸等生物活性物质的水平降低。长期如此，大脑功能呈渐进性退化，思维及智能也会逐渐迟钝，使分析和判断能力下降。所以懒惰是躯体的蛀虫，是健康的大敌，比操劳过度更损害人体健康。

有些人未退休时，身体和精神都还好，可退休后一下子老了许多，主要原因还在于懒散。无数事实证明，惰性往往容易使人产生忧郁、怨恨、烦恼等负面情绪，为疾病大开方便之门，最终导致未老先衰。

前苏联著名发动机设计师米库林指出：在争取长寿过程中还要战胜一个奸诈无形的敌人，它就是人的惰性和意志薄弱。长有攀登志，青春永不衰。要使生命之树长青，不只是要有物质上的养料，还要有思想上充沛的阳光雨露。

懒惰的对立面是勤奋。科学家们发现，人们在进行体力和脑力劳动时（包括65~85岁年龄的老人），大脑血管经常处于舒展状态，会使脑血管细胞得到充分供血、供氧。而适度紧张则是医治惰性的良药，能增强大脑的兴奋度，提高其活动功能，使人思维敏捷、反应加快、记忆力增强。

美国心理博士雷米曾研究发现：世界上最忙碌、最紧张的名人通常要比普通人的寿命高29%，这是因为勤奋工作可以排除孤独感、忧愁感和失落感，获得满足或增强自豪感，进而促进身心健康。恩格斯指出："生活越紧张越能显示人的生命力"。人体的新陈代谢愈旺盛，生命活力就愈强，而人体新陈代谢水平的高低与劳动、锻炼密切相关。适度紧张、忙碌的工作与生活，可使体内分泌更多有益健康的激素，增强人体免疫力。而人体的免疫功能与人脑的动、惰关系密切。动则盛，惰则衰。所以莫偷闲，多劳动，勤活动，寿方长。一个勤劳而又轻松的人，一定是活得有滋有味的人。故而建议老年人除了经常运动、心理平衡、合理膳食之外，最好每天做到以下几"勤"：

勤动脑　"大脑乃生命活动之中枢"，五脏六腑的功能及肢体活动都由大脑控制，只有大脑健康，长寿才有可能。人的大脑约有140亿个脑神经细胞，成年以后会不断衰减。日本有人对210名各年龄段人的脑组织进行X线断层摄影后发现，40岁以下的人脑组织基本没有什么变化；40岁以后，人的脑组织开始缩小，空隙部分日益增多，懒于用脑的人比勤于用脑的人萎缩要快。美国有人对180名修道院的修女进行用脑与长寿的研究，结果其中勤于用脑者平均年龄高达88.5岁，而且在痴呆发生时间上比不善于用脑者晚10年。我国秦汉以来3000多位著名文人学者平均寿命为65岁以上，大大超过了同代的人。

如何算勤于用脑？即勤于读书学习，包括读书、看报、看电视、收听广播、上网、写作等，获得更多信息，保持"智力青春"。特别是已离退休的老人，不能终日无所事事，要采取适合自己的方式，不断学习充实大脑，产生"神经贮备"。读书学习是一种全身性的活动，眼、耳、口、脑、手并用，最有益于身心健康，能增强大脑的新陈代谢，提高大脑皮层的兴奋性，有利于激活脑细胞，正所谓脑越用越灵，能有效地防止脑细胞的衰退和衰老。此外，读书学习还可以集中意念，有"定志凝神"的作用。古语说"人过三十不学艺"是一种错误的观点，因为，当时的人寿命较短，平均才 45 岁。多项研究证实，接受的知识越多，对大脑产生的保护作用越强，就越能够延缓衰老。

勤动腿　据"康寿八段经"记载，散步有延年益寿等作用。世界卫生组织指出：步行是最好的运动。人体内有流动不息的血液，血液从心脏泵出，输送到全身各处，但要达到身体末端，特别是到达脚底较难，脚底因此常感到血流不足，故有"人老先从腿上老"之说，刺激脚底可提高心脏泵血功能，促进血液循环流动，脚底就不容易缺血。而散步则是最好、最方便的刺激方式之一，因而有"走，百种健身之首"，"饭后百步走，活到九十九"等说法。年近古稀的洪昭光教授经常出书、办讲座、参加各种社会活动，他保持旺盛精力的秘诀是：心态平和，粗茶淡饭加上每天走路。脚底是人体的"第二心脏"，不可忽视。"火从头上起，寒从足下生"，气温低时多行走，还有利于产生热量，加速血液循环。跳舞也是一种很好的足疗方式，在音乐伴奏之下与舞伴翩翩起舞，既可欣赏音乐、陶冶情操，又能活动肢体，促进身心健康。

勤动手　运动能使血管更有弹性，还能让大脑释放内啡肽等有益活性物质，促进思想和智力发挥。老年人不妨多动动手指，因为手和手指的运动，能使大脑得到良性刺激，写字、画画、敲击键盘、编织等都是不错的选择，对延缓衰老大有裨益。另外，生活中力所能及的事情尽量自己去做，一方面可少麻烦别人，另一方面还能增加自己的动手机会。如身体条件允许，可以再找份差事，既能充实自己，又能发挥"余热"，造福社会。

勤交流　退休后老人不再有工作打扰，远离了应酬，有些人一下子难以适应退休生活，总感到空虚无聊、无所适从。为了避免孤独，老年人不能老是离群寡居，要走出室外，创造条件多与人交流，说新闻、谈形势、聊发展、看未来。应多交笔友、球友、棋友、书友、舞友、戏友等，特别是独居老人，更不能"深居闺中"，要拾起自己年轻时来不及发展的兴趣和爱好，与有相同嗜好的朋友切磋交流，让自己的退休生活变得丰富多彩。

勤叩齿　每天做叩齿运动 360 次，可保持牙齿的稳固。"朝暮扣齿三百六，七老八十牙不落"、"常练咬牙功，到老齿不松"。饭后三分钟用浓茶水漱口，能保持口齿清洁健康，减少口腔、牙龈炎症的发生，并可预防多种疾病。

勤按摩　养生良药数按摩。捏一捏，捶一捶，可疏通经络，改善血液循环，激活神经系统的传导，加强内分泌系统功能，从而增强抗病防病能力。每天应自我按摩头、颈、胸、腰、腹、腿脚部、会阴处。它们是人身经络穴位聚集之处。特别是头部，头为精明之府，诸阳之会，勤梳头，对人体各经脉气血都有疏导作用，还可以促使脑电波活动更加有序，提高记忆力和思维能力。眼睛、耳朵、鼻子周围穴位是重点。老年人可重点揉按风池穴、太阳穴、眼眶周围等处。耳朵是人体多个生物全息经络系统的缩影，"人之肾气通于耳，拉扯揉搓健身体"，"双手扫耳能强肾"，所以要每天揉搓耳部，可促进耳部血液循环，激发经气，提高机体免疫能力，还能预防耳鸣和耳聋。揉鼻可改善嗅觉功能，促进鼻腔通气。方法是：两手中指从天目穴起，经两眼内角挟鼻翼两侧按摩而下至迎香穴，再向鼻孔方向旋转。

勤泡脚　双脚反应全身健康，俗话说："人老脚先衰，树枯根先竭。"老年人常用温热水泡脚，则"睡前洗脚，胜吃补药"。泡脚可增强腿部血液循环，使全身经络畅通无阻。民谚云："春日浴足，升阳固托；夏日浴足，湿邪乃除；秋日浴足，肺腑润育；冬日浴足，丹田暖和。"诗人陆游每晚以热水洗脚，以便睡得香甜，并有诗云："老人不复事农桑，点数鸡啄亦未忘，洗脚上床真一快，稚孙渐长解烧汤。"

勤提肛　每天练提肛运动100～200次，面前举手，踮跟提肛，吸气时紧缩肛门。做到"一吸便提，气气归脐，一提便咽，水火相见"。注意用腹式呼吸，并配合呼吸有节律地抬脚跟、提肛，是养身延年的一大法宝。提肛，可改善肛门周围血液循环，防治痔疮、前列腺炎、便秘等肛周疾病。腹式呼吸有放松精神、锻炼脏腑功能等功效。另外，根据中医经络反射学说、生物全息学说，举手并踮脚跟运动，可刺激大脑反射到达各个对应器官，医学上称为脑、内脏、四肢反射。手、脚是人体的全息反射区，是人体十二条正经的起止点，手脚同时受到刺激，可促使十二经络得以沟通，经络通畅则是健康的基础。

相传清代诗人、书法家何绍基，得知女儿要置办嫁妆后，从京城特地捎回一只箱子。大喜之日，女儿打开箱子一看，全家人愕然。箱子里空空如也，只是在箱底放了一个写好的大字：勤。一字嫁妆传为美谈。女儿和女婿如获至宝，勤于事业，勤俭持家，成绩斐然。

勤成事业，勤亦寿。革命老人夏征农，在 2008 年已是103 岁高龄，仍精神矍铄，身板硬朗。他勤于事业，勤于锻炼。他说："身子要多运动，脑子要多活动。常用的刀不锈，流动的水不臭。"

时下有些人疏于"勤"，趋于"懒"，应引起高度重视。有的上班族，尽管上下班的路程很近，也是出门即坐车。住在三楼四楼，也要乘电梯，懒得挪动双腿。久而久之，对健康极为不利。有的老年人，不读书不看报，不锻炼身体，成天无所事事，满足于"一天三饱两个倒"，于闲懒中打发时光。

智者云："一勤天下无难事"，"业精于勤"，"勤能补拙"。提醒上班的人们，在兢兢业业工作的同时，千万要注重锻炼身体，身体是革命的本钱，是一切成功的前提。要想拥有好身体，就要努力克服一个字——"懒"。安步当车是最好的健身活动，于繁忙的工作间隙坚持做工间操，常摇头晃脑、活动胳膊腿儿，防微杜渐，切莫"善小而不为"。作为老年人，应百倍珍惜夕阳美景，勤学习、勤锻炼，常散步、打球、练书法、养花种草，只要能动，就要坚持每天有事干，决不闲着。即使有病在身、行动不便，也应借助轮椅或家人搀扶，到户外活动，常与人交谈，勤动脑、动手、动身体各部位，适时适量。此举对生命之树常青、颐养天年大为有益。

★ 名人养生谈

涂通今：我勤故我寿

涂通今，生于 1914 年，福建省长汀县人。15 岁参加革命活动，18 岁参加中国工农红军，经历过长征、抗日战争、解放战争，建国后被派往前苏联深造，获医学博士学位。1964 年被授予少将军衔，人称"博士将军"，他曾任第四军医大学校长、总后卫生部副部长、军事医学科学院院长，是我军著名的神经外科专家、卫生勤务学专家、医学教育家。

这位延安时期走出来的医学博士、将军，我国神经外科创始人，二万五千里长征的亲历者，众多头衔荣誉集于一身，本身就是一个奇迹。而他 99 岁高龄，精神状态如此之好，更让人感到十分惊奇！他的长寿秘诀是：勤思考，多学习，作息饮食有规律，坦然心态胜神仙。

著书立说传后人

涂老高高的个子，银灰色的头发，戴着角质架眼镜，措辞严谨，思维活跃，举手投足间透出儒雅风姿，让人很难相信他已是耄耋老人。

1985 年涂老正式离休，已是古稀之年的他却一天都没有闲着，仍然笔耕不止，写诗作画、著书立说，"离休前每天都在忙工作，很多想做的事情都没有时间做，离休后我要完成所有的梦想。"

在涂老的努力下，十多本书先后问世，其中在《医学百科全书》和《新中国预防医学历史经验》这两部巨著中，涂老都担任副主编。对《医学百科全书》，涂老负责其中有关军事医学九个分卷本的编审工作，约有 300 多万字。这项工作直至 1992 年才告一段落，他为此付出了极大的精力。而《新中国预防医学历史经验》一书，涂老还承担了第一分卷的主编，为此他不辞辛劳先后几次到江西、湖北、安徽、河南等革命老区考察和收集资料，亲自撰写了 7000 余字的导言。"我要把我的经验全部写在书里，传给后人，使他们少走弯路。" 1993 年，80 高龄的他又编了《急症神经外科学》一书，被人评价为"赤胆忠心为革命，毕生精力献医学"。

此外，涂老还一直为"军事医学科学院脑血管病治疗研究中心"的成立而努力。2007 年 3 月，在该研究中心的成立大会上，涂老亲笔写下了"发扬艰苦奋斗的光荣传统，迎接发展创新的更高要求，提倡团结合作之风，把医院建设成为军事医学科学院坚实的临床研究基地和疾病救治中心"的题词。

书画养生陶冶情操

"一直很爱书法，但苦于没有时间练习。"涂老一说到自己的书法，笑容立刻在脸上荡漾开来。经过多年的刻苦练习，涂老的书法作品大有所成，先后参加过总后、中国书法协会、红军老干部等各种大型书画展，并获得中国书法协会颁发的"德艺双馨"荣誉证书。

"书画能陶冶人的情操。"涂老说，他沉浸在书画中的时光很快乐。全身心地投入到艺术的世界里，本身就是一件很愉快的事情。如今，经常有很多人慕名来拜访涂老，以求得他的墨宝。

另外，涂老一直保持着坦然心态。即使是在文革期间，面对造反派的批斗，他依然很坦然。"我出身贫农，一生忠心耿耿为革命，没有什么好怕的。"多年下来，在磨难中涂老养成了遇事不骄不躁的处事心态。

独创"关节运动操"

生命在于运动，作为医生的涂老也很会养生保健。为了活动全身的关节，他独创了一套"关节运动操"。按这个操练下来，全身的每一个关节都能得到锻炼。

涂老一直保持军人的素质，离休以来，他每天都按时作息，早晨除了练习"关节运动操"外，还要打太极拳或太极剑，在小区内的健身器材上练习腰腿。上午练习书法、散步后，就开始读书看报。涂老尤其关注国内外的政治风云，《参考消息》成了涂老的最爱。短暂的午休时间过后，涂老开始接待来访的人们。几十年来，这样的日子从没有改变过。

在涂老的带动下，家人业余生活也很丰富，他和夫人都很喜欢京剧，"霸王别姬"、"打渔杀家"等曲目都会唱。涂老说，他曾在延安时学过京剧，现在还时常哼上两句。

岁月如歌，时光匆匆而过，涂老也用实际行动诠释了"我的一生，过得很充实"的人生体验。

曾国藩：惩忿窒欲，少食多勤的养生之道

曾国藩，清末湘军将领，湖南湘乡人。他是中国近代史上一位颇有影响、最具争议的人物之一。曾国藩自幼聪颖好学，16 岁中秀才，24 岁中举人，饱尝了"十载寒窗无人问"的艰辛与孤寂，清苦的读书使他常常感到"耳鸣不止，稍稍用心，便觉劳顿"。但那时由于心高气傲，没注意到身体的文弱会对他的事业有什么影响。后来由于他承担

的事情愈来愈繁重，此病竟成了困扰他一生的痼疾。道光二十年（公元1840）六月，曾国藩大病一场，病愈后，他在诗中留有"艰苦新尝试保身"之句，在以后的岁月里，他逐渐认识到身体健康的重要性，开始对养生之法进行探讨和研究，并形成了他的养生观。毛泽东在《体育之研究》一文中谈到，"曾文正公临睡洗脚，食后千步之法，得益不少"。

勤则寿　逸则亡

曾国藩说"精神愈用而愈出"，"智慧愈苦而愈明"。曾国藩一生苦心劳力，做事踏实认真，自创"五到"之说。他以勤自励，以苦为乐，他常说："君子有三乐"，把"勤劳而后憩息"作为三乐之首。当时世局维艰，只有勤，才能强健筋骨、磨炼意志，可以为国家尽忠尽力，亦可保持己身之康泰。他说："古时圣君贤相，无时不以勤劳自励。为一身计，则必操习技艺，磨炼筋骨，困知勉行，操心危虑，而后可曾智慧而长才干……勤则寿，逸则亡。"这是曾国藩在养生中注重养德的表现，他处于中国历史的一个非常时期，一生苦心劳体，做事踏实认真，是晚清名重一时的大臣，在道德和功劳上都留下了不朽的美名。

君逸臣劳的养生观

曾国藩曾说："省思虑，除烦恼，君逸之谓也；行步常勤，筋骨常动，臣劳之谓也。"曾国藩特别崇尚道家养生思想，他在一封书信中写道："养生之道，以君逸臣劳四字为要。"他说的"君逸"就是养心，"治心当以'广大'二字为药"。就是人要清心寡欲，胸怀宽广，注重"静"、"节欲"，通过精神修炼达到修养的目的，保持良好的精神状态，追求心理的健康，并提出此为"静"的养生之道。他说的"臣劳"就是人的身体四肢要经常锻炼，处于一定的劳累状态，才能筋骨常健，才能保持健康。

曾国藩认为，养生应"惩忿窒欲，少食多勤"。"惩忿"，即所谓少恼怒也；"窒欲"，即知节啬也。他认为，体质强壮者就好像富人因戒奢侈而更加富有；体弱者如贫人，因节俭吝啬而能使自己逐步富裕起来。"节啬"并不是单指节制食、色二性，虽然他多次对家人强调"读书养我浩然之气"，但也认为读书也应有约束，不可太过。他在自己的家中悬挂着"养生以少恼怒为本"的堂匾，时刻提醒自己，并在寄给属下的信中说："年来骨肉哀戚之事，层见迭出。以精力匮乏，亦遂强自排解，涣然若托于庄周刘伶之徒者。"

为能做到少恼怒，他提出"以志帅气"、"以静制动"。他认为，大病在身之人可以支持的原因主要有两方面；一是以志帅气，二是以静制动。人疲惫不振，是气弱。意志坚强的人，能根据气的变化采取相应措施聚神静气。如早晨贪睡，则应勉强起床使自己兴奋起来；若百无聊赖，就应端坐以凝神。这就是"以志帅气"之说。一个人久病虚怯，就会产生怕死的念头，魂梦皆不安静，此时若将生前之名、身后之事、一切杂念铲除干净，自然会有一种恬然意味。而平静之余，抗病能力就会增强，身体也会逐渐好转，这就是"以静制动"之法。不管是"以志帅气"，还是"以静制动"，都指的是精神调养，让人们保持积极向上的心理状态，这种调养的理论，即使以现代人医疗保健的眼光来看，也是科学的，值得后人重视。

重视自然调养的用药观

曾国藩认为，"治身当以'不药'二字为药"。他所说的"不药"，就是病了不要过于相信医药。他自小受祖父"不信医"训诫的影响，认为"药虽有利，害亦随之，不可轻服"，反对动辄用丹药治疗。晚年，由于他在政治上崇尚无为，所以养生观也崇尚无为。他在寄给儿子的信中说："尔虽体弱多病，然只宜清静调养，不可妄施攻治。"可见曾国藩非常注重自然调养，这或许与那个时代医疗条件差，庸医较多，而使人们讳疾忌医有关。

重视饮食睡眠的摄生观

曾国藩非常重视饮食和睡眠，他常说："养生之道，当于'食眠'二字悉心体验。食即平日饭菜，但食之甘美，即胜于珍药也。眠亦不在多寝，但实得神凝梦甜，即片刻亦是摄生矣。"他在给家人的信中说："纪泽身体亦弱，事教以专从眠食二字上用功。眠所以养阴也，食所以养阳也。养眠贵有一定时刻，而戒其多思；养食亦贵有一定时刻，而戒其过饱。"他强调饮食起居，既要规律，又要定时，虽说吃饭睡觉只是日常生活中的小事、常事，但从养生角度看，却是大事、重要事，因其对身心健康影响很大。能从日常小事中总结出大道理，这也是曾国藩做事认真的体现。

强健筋骨的锻炼法

射箭是曾国藩特别喜爱的一个体育锻炼项目。他在家信中说："看到家中后辈身体都很虚弱……曾以养生宜事劝诸儿辈：一曰饭后千步，一曰将睡洗脚，一曰习射有常时（射足以习威仪，强筋骨，子弟宜多习），一曰黎明吃白饭一碗，不沾点菜。"可见，他不但重视饮食起居，同时还很重视运动锻炼。

曾国藩和太平军最初较量的几年中，屡战屡败，由于治军太苦，谤议太多，休息太少，忧虑太深，曾国藩的心理承受了极大的压力，经常失眠。在这样的境况下，他仍能咬牙蓄志、聚神静气地做事，每日反省自己的过失，包括反省不利于自己健康的行为，督促自己注重健身活动。他曾写道："眠食有恒及洗脚二事，星冈公行之四十余年，余亦学行七年矣。饭菜后三千步近日试行，自矢永不间断。"前面我们已讲了曾国藩重视眠食，同时他坚持睡前温水洗脚，以促进血液循环，消除疲劳，有利于睡眠；而饭后三千步与自古传统的"饭后百步走，活过九十九"同一个理，都是非常科学的养生方法。

好诗书棋弈的怡养观

曾国藩总结："每日临一百字，将浮躁处大加收敛。心以收敛而细，气以收敛而静。于字有宜，愈深，于家也有宜。"他对书法的兴趣一直浓厚，成为晚清有名的书法家。他不为练字而练字，他把练字作为培养忍耐功夫、锻炼身体的一种方法。曾国藩还酷爱围棋，围棋帮他在繁忙的军务政务之余转换脑筋，放松精神，还在危机紧张时刻镇定情绪、收敛心身。

邓小平：长寿 20 字诀

我国当代伟大的政治家邓小平享年 93 岁（1904～1997年），这在伟人中并不多见。邓小平 75 岁高龄时仍能健步登上黄山；80 多岁时还能大海中畅游 1 个多小时，其养生之道与"勤"字不无关系。

勤于动脑——"能打桥牌，证明我的脑筋还清楚。"

邓小平的办事效率很高，一般在上午 10 点左右就将重要文件处理完毕。之后，如没有会议或外事活动，他就会坐在沙发上看看书报、打打桥牌，活跃一下脑子。他曾自豪地说："我用桥牌来训练脑筋……能打桥牌，就证明我的脑筋还很清楚。"

坚持锻炼——"我能游泳，特别是喜欢在大海中游泳。"

青年时，邓小平就养成了坚持健身的好习惯。他虽然日理万机，但总能忙里偷闲进行锻炼。他的爱好很广泛，游泳、洗冷水澡、登山、散步、足球都是他喜爱的运动项目。

"我能游泳，特别是喜欢在大海中游泳。"邓小平夏季在海滨游泳，能连续游1个多小时，有时遇有风浪，仍继续前进，胜似闲庭信步。此外，他还坚持洗冷水浴。"十年来，我没得过一次感冒，原因之一是每天早晨都用冷水洗澡。"这是邓小平在接见新西兰总理朗伊时谈到的。

邓小平经常抽出时间，在自家院子里散步。雪雨天不方便，就在走廊里来回走动。他对待散步像对待工作一样认真，不偷懒，不取巧。

乐观豁达——"天塌下来，我也不怕，因为有高个子顶着。"

"我一向乐观，天塌下来，我也不怕，因为有高个子顶着。"1984年10月11日，在原联邦德国总理科尔请教小平同志"长寿秘诀"时，他给予了如此答复。众所周知，邓小平在中国政坛三起三落，历经磨难，家庭成员也屡遭不幸，但他在逆境中从不怨天尤人，始终保持乐观的心态。

合理膳食——早餐8点半，午餐12点，晚餐6点半

邓小平的饮食习惯很有规律。早餐8点半，午餐12点，

晚餐 6 点半，几十年不变。他早餐爱吃鸡蛋、馒头、稀饭、泡菜；午餐和晚餐常是两素一汤。邓小平爱喝绿茶。他杯子里的茶叶放得很多，全泡开要占杯子的三分之二。另外，他还喜欢喝米酒，饮酒前，先吃些菜肴，避免空腹饮酒刺激肠胃。他有几十年的抽烟嗜好，但在医务人员的建议下，1989 年一下子就戒了烟。

家庭和谐——尽享天伦之乐

邓小平和卓琳，相伴走过了 58 个风云多变的春夏秋冬。夫妻恩爱，携手白头，心心相印，患难与共。邓小平向来重视天伦之乐，喜欢和家人在一起。他十分疼爱儿孙，常和他们一道说笑谈天。逆境时如此，顺境亦如此。家庭的温暖和睦，是帮助邓小平从容应对政治逆境的一个重要因素，也是他长寿的秘诀之一。

我国传统养生学主要包括精神养生、饮食养生、运动养生、药物养生四大类，前三种养生方法被邓小平同志科学地运用在日常生活中。

小平同志一生几多磨难，但均能胸襟坦荡，泰然处之。传统养生学认为，精神愉快、性格开朗、乐观大度的人，机体阴阳平和，气血通畅，五脏六腑协调而健康长寿。此外，小平同志还善于用脑，除为国为民日理万机之外，还经常把看书报、打桥牌作为消闲，这对于延缓脑组织衰老，防止脑老化有重要的意义。

合理的饮食结构和生活方式也是保持健康长寿的重要因素。饮食多样化，平衡膳食，荤、素搭配才能满足人体所需。邓小平同志饮食简单、生活规律、爱喝绿茶、饮适量米酒的这些做法很符合传统养生学和现代营养学的要求。

邓小平的长寿与运动习惯密不可分。其养生经归纳起来就是"乐观豁达、勤于动脑、坚持锻炼、合理膳食、家庭和谐",而其中多与"勤"字密切相关。尽管身居要职,但他仍然坚持体育锻炼。"勤动"不仅能减缓脏腑衰老的速度,还能促进胃肠功能、保障经络畅通。

邵逸夫:勤奋工作的养生之道

1907 年出生的邵逸夫,掌管着香港无线及邵氏两大娱乐王国。

在香港,人们亲切地称他为"六叔"(邵逸夫在家排行老六)。有人说,"六叔"所经历过的百年,远比他所拍摄的任何一部影视作品更要精彩动人。这位叱咤娱乐圈大半个世纪的老人,除了传奇的电影人生,也以 104 岁高龄成为全球最年长的在任上市公司主席。

记者曾问他有何养生秘诀?邵逸夫说:"我的最大乐趣就是工作,只有保持积极的工作状态才能长寿。"他年轻时每天晚上只睡 5 小时,中午小睡 1 小时,其它时间都在工作。甚至到古稀之年,仍坚持每天工作 16 个小时。直到现在他还出席无线电视每两周一次的高层会议。

邵逸夫是个笑口常开的人。据香港无线电视总经理陈志云说,"六叔"很喜欢看以搞笑闻名的《憨豆先生》,他还喜欢多跟年轻人接触,说这样自己的心态也更年轻。

刘兰芳:养生之道在于勤

2009 年 1 月,著名的曲艺表演艺术家刘兰芳,在北京"刘兰芳艺术生活五十年"座谈会上说:"养生之道在于勤。

自己如同陀螺一样，总是停不下来。"

曲艺演员有句"艺诀"叫作"两年胳膊三年腿，十年练不了一张嘴"。曲艺讲究"嘴皮子"功夫。每天清晨，老伴王印权陪着刘兰芳早起去公园散步健身，常年风雨无阻。然后，练"喷口"（嘴皮子），一招一式从不马虎：在家里，她对着镜子反复练，请她的第一位"观众"——爱人提意见，直到满意为止。几十年来，她嗓音宽厚，气口充足，似高山流水；表演动作灵活洒脱，干净利落，形成了独特的艺术风格。

曲艺界的同行都知道，刘兰芳是工作上的"拼命三郎"，多年严谨从艺，她不曾有过半点马虎。而今，虽然已年过花甲，但刘兰芳说，自己如同陀螺一样，总是停不下来。

刘兰芳兴趣广泛，勤于学习，喜爱阅读。她博览群书，对古今中外的传奇、故事、散文、小说、诗词歌赋等，无一不爱。平时难得闲暇时，爱人王印权买回一本新书，刘兰芳总是手不释卷，用一个通宵一口气读完。她和爱人都喜欢旅游，他们勤于搜集民间传说、谚语、小调、小曲、民谣、歌谣等，深厚的积累，使她练就了出口成章、即席说书的绝艺。

不仅仅在艺术追求上"勤"字当先，在生活中，一个"勤"字也在刘兰芳身上体现得淋漓尽致。练了半个多世纪"站功"的刘兰芳平时十分注重养生，能站着时绝不坐着，这已成为一种习惯。每逢演出结束回到家，她挽起衣袖就成了一位勤快的家庭主妇，亲自为家人下厨，烹饪美食。

刘兰芳，这位听众心目中的"百姓艺术家"，在饮食上是素食主义倡导者，她拒绝奢华，主张简单生活，天然、朴素。一日三餐保持清淡，低盐，选择纯天然的新鲜蔬果。刘兰芳还是"每天万步走"的倡导者和实践者，戴在身上的计步器时时提醒她留意每天走步数字的变化，参照这个记录，她始终保持着适度的运动量，且持之以恒。

★ 健康箴言

　　疾病有成千上万种，但健康只有一种。

——白尔尼

　　愉快的笑声，是精神健康的可靠标志。

——契诃夫

　　有规律的生活是健康与长寿的秘诀。

——巴尔扎克

　　有健康的身体才有健全的精神。

——洛克

　　要坚持革命，坚持学习，人同机器一样，经常运动才能不生锈。

——邓颖超

　　忽略健康的人，就等于在与自己的健康开玩笑。

——陶行知

　　保证身体健康、强壮和精力，因为人类的幸福只有在身体健康和精神安宁的基础上，才能建立起来。

——欧文

　　健康是培养性格的一个重要组成部分。

——赫尔巴

运动是一切生命的源泉。

——达·芬奇

人的健全，不但靠饮食，尤靠运动。

——蔡元培

活动是生命的基础。

——歌德

身体的健康因静止不动而破坏，因运动练习而长期保持。

——苏格拉底

保持健康，这是对自己的义务，甚至是对社会的义务。

——富兰克林

健康是人生第一财富。

——爱默生

只有身体好才能学习好、工作好，才能均衡地发展。

——周恩来

健康是一种自由，在一切自由中首屈一指。

——亚美路

保持健康是做人的责任。

——斯宾若莎

人类的幸福只有在身体健康和精神安宁的基础上，才能建立起来。

——欧文

身体虚弱，它将永远不会培养有活力的灵魂和智慧。

——卢梭

精神畅快，心气和平。饮食有节，寒暖当心。起居以时，劳逸均匀。

——梅兰芳

人类有三位医生：第一位叫节食，第二位叫安静，第三位叫愉快。

——毫厄尔

一种美好的心情，比十付良药更能解除生理上的疲惫和痛楚。

——马克思

健康是金子一样的东西。

——高尔基

愉快的笑声，是精神健康的可靠标志。

——契诃夫

有规律的生活是健康与长寿的秘诀。

——巴尔扎克

★ 养生歌谣

养生勤字歌

勤学习，勤思考，勤梳头，健大脑；
勤锻炼，勤做操，勤按摩，身体好；
勤旋腹，勤敲背，勤喝茶，肠胃好；
勤交谈，勤欢笑，勤练功，精神好；
勤书画，勤用脑，勤运指，手脑巧；
勤刷牙，勤洗澡，勤晒被，疾病少；
勤快走，勤慢跑，勤活动，抗衰老。

"不" 字歌

床铺虽软不贪睡，规律生活最可贵；
骨骼欠灵不偷懒，合理运动身子板；

酒肉味美不馋嘴，蔬菜杂粮饮食淡；

烟草味香绝不吸，心肺功能了不起；

兴趣广泛不嫌多，日子充实乐呵呵；

天大困难不显愁，心胸宽阔如大海；

年纪虽长不卖老，儿女孝顺人缘好；

国家大事不能忘，扬鞭奋蹄有向往；

年过百岁不言老，童心惹得阎王笑。

第七章
以俭养生，为修身健康之宝

"奢者富不足，俭者贫有余；奢者心常贫，俭者心常富"。

——慎子

节俭是我国的传统美德。早在《左传》中就有这样的记载："俭、德之共也；侈、恶之大也。"就是说，节约是高尚的道德；奢侈是一种极大的犯罪。在民间广为流传的民谚、民谣，如"惜衣常暖，惜食常饱"，"笑破不笑补，三补又一新"等这些散发着泥土芳香的谚语，更是从一个侧面反映了节俭在中华民族文化积淀中所具有的生生不息的巨大魅力。

节俭美德在我国之所以能传扬至今，是因为它对修身、持家、治国，都具有极其重要的意义。

对个人来说，节俭的第一大作用就在于它是维持人类生存的必需。在原始社会，人人都要参加劳动，所以人们自然会倍加珍惜自己的劳动成果。另外，当时生活物资极度匮乏，任何浪费都无异是自杀行为。在这种情况下，人们只有过一种俭朴的生活，才能维持自己的生存。可以说，节俭与人们的生存是无法分割的。进入阶级社会后，广大下层民众仍挣扎在贫困线上，节俭是他们能够生存的保证。"一粥一饭，当思来之不易；半丝半缕，恒念物力维艰"。

这一字字，一句句包含了几千年来多少百姓的血汗和心声。在他们看来，只有节俭才能维持生存，珍惜劳动成果已成为他们多年养成的习惯。

对于节俭与生存的关系，墨子早已有所认识，还专门著有《节用》一书，来阐述自己的观点。他曾说："俭节则昌，淫佚则亡。"即节俭才能生存发展，纵欲放荡就会招至灭亡。因此，他主张在饮食、衣裘、兵甲、舟车、宫室、丧葬等方面都应节用，以实用为宜，要使王公大臣的消耗有一定限度，超过这个限度，就是奢侈，应该杜绝，否则就是挥霍民财，侵害他人的生存权。墨子的这些观点包含着尊重劳动、爱惜民财、节俭朴素等积极内容，对中华民族俭朴美德产生了相当深远的影响。

真正把节俭与修身紧密相连的是三国时期的诸葛亮。他曾在《诫子书》中说："夫君子之时，静以修身，俭以养德，非淡泊无以明志，非宁静无以致远。""俭以养德"，指的是俭朴生活能够培养和增进人的高尚情操，它把人们的视线从物质的追求转移到道德修养的层次上，是一个非常好的修身方法。

对于持家，节俭的作用人所共知。

宋仁宗时，张知白任大宰相，但他仍保持着过去在地方做小官时的生活水平，有人劝他说："您收入那么高，何必如此清苦？外面人都说您是为博取虚名，在这儿装穷呢。"张知白叹道："我今天的收入，不可能永远保持这样，一旦收入不如今天，而家人已过惯奢侈的生活，就可能要败家了。还不如总保持这样一种家风，免得后世子孙奢侈受害呢！"张知白的头脑是相当清醒的。"一人知俭一家富"，家庭要兴旺就必须节俭。早在战国时代，法家的代表人物韩非就曾说过："侈而惰者贫，力而俭者富。"若用力虽勤，却挥霍无度，积之涓涓，用之浩浩，家庭又怎能兴旺呢？

俭以兴家，奢侈败家，古今公理。西晋武帝时的太尉何曾，生活十分奢侈豪华，每天吃饭就要用去一万钱，他还说菜不好没法下筷子。他的子孙奢侈之风更甚，每顿饭必须要有四方珍异美味，一天吃饭要用去两万钱，奢侈的结果，后来他们家一个个都败落了。荀子曾说："强本而节用，则天不能贫，若只求奢侈，败家必然。"

对于治国，节俭更是安邦定国不可缺少的良策。

春秋时期孔子就曾提出"节用而爱人，使民以时"的观点。也就是自己节俭而爱护百姓，使百姓按农时耕作，国家才能富强。荀子更明确提出："足国之道，节用裕民，而善藏其余。"即节约用度，才会有所余剩；富裕人民，人民才会富足。"民富则田肥以易；田肥以易则出实百倍"。"故知节用裕民，则必有仁义圣良之名，而富贵丘山之积矣"。墨子也有同样的观点，"圣人为政一国，一国可倍也，大之为政天下，天下可倍也。其倍之，非取地也，因其国家，去其无用之费，足以倍之"。也就是说，只要注意节俭，去掉无用的费用，不用扩充土地，就可使国家增加一倍的利益，使人民得到好处。相反，若"纵欲而失性……以治身则危，以治国则乱，以入军则破"。即：若奢侈纵欲无度，对于治身、治国、治军都是极大的灾害，甚至身危、国乱、军败，国破，家亡。

当前，国家正大力倡导建设节约型社会，我们每个人都应戒奢倡俭，从节约一度电、一滴水、一粒米的身边小事做起，集沙成塔，为建设节约型的家庭和社会而共同努力，只有这样，我们的国家才能永远富强。

现如今，人们物质生活富足，日常供应应有尽有。于是，我们中的一些人开始追求奢华的生活，"富贵病"、小胖墩也越来越多，20多岁患糖尿病的，大有人在，其原因与不良生活方式有关。有些人一天三顿饭，顿顿七八两，身体怎能吃得消？有的人还要再来一顿宵夜，不断地给身体加码。《素问·上古天真论》中说："饮食有节，起居有常，不妄作劳，故能形与神俱，而尽终其天年，度百岁乃去。"古代养生家认为，人的寿命长短与能否合理安排起居作息有着密切的关系。应用至今，就是简单生活、节制饮食。相传，孔子在生活起居和饮食方面就很在意规律性，注意细节，这也是他健康长寿的因素之一。他认为按时作息、劳逸结合、节制饮食、保证睡眠的时间和质量对身体大有脾益。

在饮食方面，孔子力倡节俭，但同时也非常注意饮食卫生和规律性。他在《论语·乡党》中提出"八不食"，即变质的饭菜和鱼肉不食；颜色不好的食物不食；气味不正的食物不食；夹生和烹调不当的饭菜不食；调料不当的食物不食；不合时令的食物不食；肉切得不方正不食；在市场上买的酒和熟肉不食。这些"清规戒律"有的看上去很挑剔，但"病从口入"，适当的挑剔、讲究一点有益身体健康。此外，孔子还很注意节制饮食，他"食无求饱"，吃饭适时适量。在其他生活习惯上亦如此，从不放纵自己。孔子的这些生活习惯为他的健康长寿奠定了基础。

在很多人的"长寿经"里，生活有规律、饮食有节制是共同规律。我国现代文化的先驱者、著名的现实主义文学家茅盾先生一生都保持着良好的生活习惯，他每天起床、用餐、工作、运动、休息的时间都是固定的，井井有条。平常用的东西，如笔、纸、药等放的位置也是固定位置，用完后马上放回原处。这种良好的生活习惯使他能保持一种稳定的情绪，而情绪又与健康密不可分。

以一部长篇小说《李自成》闻名于世的作家姚雪垠也是如此。他生于1910年，青年时靠自学走上创作道路，对中国古典文学有很深的造诣，是一位知识渊博的作家。姚雪垠在耄耋之年仍精神矍铄，思维敏捷，笔耕不辍。他的生活简单而有规律，每天按时作息，早睡早起。他喜欢清晨写作，因这时没有干扰，大脑清醒，精力、体力和想象力也处在最旺盛的阶段。他在饮食上有个原则，就是食不过量，不吃零食。他喜欢自己泡炮制药酒，每天中午喝一杯，长期坚持但从不过量。这种自制的药酒不仅能舒筋活血，促进身心健康，还能激发创作灵感，写出好的作品。

《管子》中有："饮食有节……则身体利而寿命益；饮食不节……则形累而寿命损。"之说，《千金要方》亦云："饮食过多则聚积，渴饮过多则成痰。"说明了节制饮食对人体的重要意义。如果饮食没有规律，想怎么吃就怎么吃，则会给健康带来极大危害。所谓饮食有节，是指饮食要有节制，不能随心所欲，讲究吃的科学和方法，注意饮食量的控制和进食时间的安排。

首先饮食要适量。人体对饮食的消化、吸收、贮存主要靠脾胃来完成，若饮食过度，超过了脾胃的正常负荷，就会诱发许多疾病。南北朝时曾有人写过这样一首诗："何必餐霞服大药，妄意延年等龟鹤。但于饮食嗜欲中，去其甚者将安乐。"意指只要在饮食嗜好中去掉那些"甚者"，改掉最突出的毛病，就能带来安乐。《黄帝内经》中说："饮食自倍，肠胃乃伤。"《博物志》说："所食逾多，心逾塞，年逾损焉。"

过饱不利于健康，但食太少亦有损健康。有些人为了减肥而长时间挨饿，身体得不到足够的营养，就会变得虚弱不堪。正确的方法是根据自己平时的饭量来决定每餐该吃多少，适量为宜，这样才不致因饥饱而伤及五脏。按现代营养学的要求，一日三餐的食量分配比例应该是3∶4∶3。

其次是饮食要定时。"不时，不食"，这是孔子的饮食习惯，即不到该吃饭的时候，就不吃东西，这是正确的。食之有时，脾胃适应了这种进食规律，到时候便会做好消化食物的准备。《尚书》中说"食哉惟时"，每餐进食有较为固定的时间，才可以保证消化、吸收的正常进行，脾胃活动协调配合、有张有弛。清代马齐在《陆地仙经》中说："早饭淡而早，午饭厚而饱，晚饭须要少，若能常如此，无病直到老。"

在强调"按时进食"的同时，也要兼顾"按需进食"，即想吃时就多吃一点，不想多吃就少吃一点，做到饱中有饥、饥中有饱、饥饱平衡。像加夜班的人，在第二天早餐时往往不想吃东西，希望赶快睡个好觉；心情不好的人，在吃饭时间往往没有食欲。陶弘景早就指出："不渴强饮则胃胀，不饥强食则脾劳。""按需进食"是适应生理、心理和环境的变化而采取的一种饮食方式，它不是绝对地"随心所欲"、零食不离口，而是适应外在环境和内在的需要，使饮食活动更符合规律。"按需进食"与按时吃饭的饮食习惯相辅相成，互为补充，能更好地适应人们在不同环境中的饮食需要，目的是让人们的饮食习惯变得更科学、更健康。

中国传统医学认为节制饮食、起居有常是调养神气的重要方法。神气在人体中有重要作用，人们如能做到起居有常，饮食得当，就能保养神气，使精力充沛、旺盛，面色红润，神采奕奕。若生活没有规律，天长日久则神气衰败，就会出现精神委靡，生命力衰退，面色苍白，目光呆滞。一项对百名长寿老人的调查结果发现，长寿老人的生活方式都比较规律，每天睡眠七小时左右，每顿只吃七八成饱，营养也很均衡，蛋白质和动物脂肪只占他们食谱里很小的一部分。世界卫生组织的调查报告显示，低脂肪是长寿的主要因素之一。心脏病、高血压、糖尿病、高血脂、肿瘤等"生活方式不良疾病"已占到死亡率的50%以上。生活没有规律，长期吃肥甘厚腻的食物，以及过量饮酒、吸烟，熬夜等，都会引起这些疾病的发生。

要达到身心健康，延年益寿，不能单靠医药，奢求什么灵丹妙药，而应从饮食、起居等生活细节做起，康熙帝就是节饮食、慎起居的好榜样。康熙帝是清朝入关后的第二位皇帝。他八岁登基，到十五岁亲政时，距清朝入关已24个年头。当时战争不断、国家财力不足、生产力有待恢复、社会秩序不稳定。康熙帝的主要精力都投入到发展生产、笼络民心和制定清宫廷的各项规章制度等方面，对于膳食生活且无暇顾及。

康熙帝躬行节俭，不仅饮膳生活不奢华，还积极倡导皇室眷属子弟和大臣们注意节俭。他曾说："凡人饮食之类，当各择其宜于身者"，"个人所不宜之物，知之即当永戒"。食品无论精粗，需因人而宜。根据身体情况，有针对性地选择对身体有益的食物；食品无论贵贱，不可贪食其味美而所好食品。

康熙帝膳食十分简单，每膳仅一味，不食兼味。多余部分，全部用来赏赐后妃和随行食用。两唐之后，"夜不可饭食，遇晚则寝"。所食食品，康熙帝也有选择"每兼菜蔬食之则少病，于体有益，所以农夫身体强壮，至老犹健者，皆此故也"，"诸样可食果品，于正当成熟时食之，气味甘美，亦且宜人。如我为大君，下人各欲尽其微诚，故争进所得初出鲜果及蔬菜等类，朕只略尝而已，未尝食一次也。必待成熟之日寸始食之，此亦养身之要也。"即使在外巡幸，遇到当地官民供献吃食（地方特产，指酒、肉等），康熙帝下令，仅取微少的一点点"令取米一撮，果一枚"。到东北自己的老家，康熙帝的饮食仍然是由盛京方面备办的口粮："稷米两筋斗、白小豆一筋斗半、红小豆两筋斗半、芝麻油一瓶、烧酒一瓶。"其余岗、蛋、菜及调料皆由沿途皇庄供给。由于清朝的具体情况和康熙帝的生活节俭，当日宫中每年生活消费仅为明代的八分之一。据《清朝文献通考》载"明光录寺每年送内用钱粮二十四万余两，今每年只用三万余两"，被后人传为佳话。

★ 名人养生谈

李嘉诚：克勤克俭的养生之道

李嘉诚是香港著名实业家，现年近九旬仍精神矍铄，思维敏捷。他说："健康就好似堤坝一样，如果快要崩堤了再做补救，花费多少人力物力可能也救不回来。"

　　李嘉诚透露自己的健康心得是：每天早上6时起床，做一个半小时的运动，包括打高尔夫球、游泳或跑步，并且持之以恒，从不间断，生活极有规律。再就是节制饮食，他不吸烟，不饮酒，一切以清淡为主，少吃肉，平时喜欢青菜白饭，就是吃鱼也只吃一点小鱼，而且是最便宜的那些，即港人俗称的"猫鱼"。

　　此外，李嘉诚还有一个雷打不动的好习惯——闭目养神。越是繁忙时，越需要闭目养神。即坐下来，闭上眼睛，脑子里什么都不想，直到呼吸平稳、全身放松为止。一般大约10分钟左右。李嘉诚称此为提神醒脑的"绝招"，每天至少闭目养神三次。现代研究证明，人脑是"元神之府"，主管思维，眼睛则是大脑直接的"外显物"和"心灵的窗口"。在眼球那小小的视网膜上，布满了密密麻麻、数量上亿的神经元。大脑近一半信息来自视觉。因而，只要闭上双目，就几乎阻断了视觉信息对大脑思维活动的干扰。因此，闭目养神10分钟后，顿觉精神焕发。

　　人们总以为豪富们生活奢华，补品当饭。恰恰相反，他们合理的简朴是常人难以想象的。现在巨富中流行的是"斗寒"，戴几十元一只的电子表，吃十几元一顿的蔬菜糙米，而身体却一个比一个精神。李嘉诚作为一个大富豪，生活是十分简朴的。他说："就我个人讲，衣食住行都非常简朴、简单，跟三四十年前根本就是一样。"他巡察工地时，和建筑工人同吃盒饭，照样吃得津津有味。他唯一的运动嗜好是打高尔夫球，每天都要去玩一会，且亲自驾车，他说自己驾车可锻炼注意力和灵敏度。

　　李嘉诚自己处处克勤克俭，但对社会却慷慨乐善。他大小捐赠不计其数，其中最大的手笔就是出资8亿多港元，创办了现代化的汕头大学。他到汕头大学开会吃几片饼干，都要付钱，令汕大师生甚为感动。他说，慈善是我的精神寄托和精神养生。

勤奋、坚毅、俭朴、慈善，这就是李嘉诚健康长寿而永葆活力的养生文化底蕴。

梅兰芳：只吃摆在眼前的菜

梅兰芳先生养生有术，生活极有规律，在饮食方面，他喜欢吃清淡的食物，凡过于油腻或带有刺激性的调味品，他从不问津，更滴酒不沾。

梅兰芳喜欢北京风味的菜肴，北京的爆三样、麻豆腐熬白菜等都是他平素喜爱的菜肴。当年，北京、上海两地的梅公馆经常是高朋满座。梅兰芳先生十分好客，不管是老友还是新朋，亦或是小孩，他都要亲自迎送，平易近人、谦恭好客的风范在梨园界被传为佳话。梅先生的"食德"更是有口皆碑，他十分注意席面上的礼貌，不论家居饮食还是在外赴宴，他只吃摆在面前的菜。有两次梅先生在老友家就餐，其中有一道卤虾油豆腐是他平时最爱吃的菜，可主人不知道梅先生好这口，将此菜放在了角落，梅先生见卤虾油豆腐远在桌边，宁可不吃此菜，也绝不欠身"过河"夹菜。

梅先生很注意饮食节制，每顿饭只吃七分饱，决不因为桌上有自己爱吃的菜而过量进食。他曾说过："一个演员，如果吃得过饱，万一在台上吐了，后果不堪设想。"为了保护嗓子，饭后他还吃些水果来养津。

尚小云：对饭食很有节制

尚小云特喜欢吃北方的炒菜，爆羊肉、溜丸子等等，他还爱喝汽水，喜吃甜食，当年北京有一种甜食很有名，这种甜食的制作方法是将柿饼掰开后，冲上开水再放些杏干和鲜嫩的藕片然后冷却加冰。这种俗称"果子干"的甜食，尚小云是百吃不厌。

不过，尚小云先生对饭食很有节制，尤其到演出时，晚饭一点东西都不吃。而他最钟爱的冰淇淋及甜食，只要有戏，两三天前就要停掉。当然，演出后的那顿饭，要吃得非常讲究，因为演出时体力消耗较大，合理的营养补充是身体必需。菜必须有新鲜的时令蔬菜，白斩鸡、金华火腿和鲜鸡汤。尚小云还有一个嗜好，就是每顿饭后，总要吃些鲜奶油蛋糕，据说能起到润喉护嗓的作用。

程砚秋：暴食豪饮难长寿

谈起程砚秋先生的饮食习惯，就不能不提他令人吃惊的食量。青年时的程砚秋身材非常纤细优美，玉立亭亭。可到中年，他的身体明显发福，与年轻时简直判若两人，胖成了一个彪形大汉，有时甚至会影响他塑造人物形象。

大凡身材魁梧者都有一个共同点：喜欢食肉。程砚秋先生也不例外，演戏之前，他尚能克制，可一旦停戏休息，他则非大荤不餐，他能进红烧肉半碗有余。

梨园红伶童芷苓曾目睹程老板吃肘子，大为惊讶，孰料程老板吃过肘子后，仍嫌不过瘾，又吃了不少鸡蛋，这下真把童芷苓吓坏了，她悄悄地问身边的朋友：这种吃法会不会伤了程先生的脾胃？那朋友却笑笑说：不碍事，程先生的饭量大着呢！

对于饮酒，程砚秋先生也是海量。他喝完一整瓶白兰地照样上台演戏而丝毫不乱，令同行大为惊讶。程先生饮酒不讲究下酒菜，一碟花生米，几块豆腐干，也能喝得津津有味，但与之同饮者必为知己。四大名旦中程砚秋享年54岁，最早谢世，想来这与他暴食豪饮不无关系。

荀慧生："大杂烩"最合口味

名旦荀慧生与前几位的嗜好有所不同。荀慧生每到一个地方总喜欢逛大街，品尝当地的风味小吃。而且荀慧生上饭店，从来不自己点菜，而是先问伙计们什么菜最拿手，只要是拿手菜，他都要尝尝。浙江一带有一道名菜"醉虾"。此菜鲜美无比，也是荀慧生十分喜爱的江南菜。不过，此菜味道虽好，若稍不注意，就会引起腹泻。因此，荀先生也是点到即止。

每逢星期天，荀慧生都要邀一些朋友来家里聚餐。如京剧艺术家刘长瑜的父亲，前北京市长周大文（此人既是美食家，又精通厨艺，后来在北京曾开过玉华台饭庄），还有画家陈半丁等都是荀府的座上客。

荀慧生先生也好喝酒，他不喝白酒，喜欢的是白兰地和绍兴花雕。非常值得提倡的是，荀先生饮酒颇为风雅，慢慢悠悠地自斟自饮，此举不仅不伤肝，还对身体有好处。每次等大家都吃好了，他还在漫不经心地独斟慢酌，这时往往桌上的盘碟十有九空了，夫人忙请厨师再给加个菜，但往往会被荀先生回绝。此时他会把厨师叫来，吩咐厨师将桌上所剩残羹冷菜倾于一锅，或下面或烫饭，连汤带菜的"大杂烩"最合他的胃口，这种节俭的做法，时至今日，还在梨园广为流传。

宋美龄：百岁美人的养生之道

106岁的宋美龄，是跨越了三个世纪的百岁老人。在她生命的最后几年里，仍头脑清晰，体态轻盈，容颜不衰，耳不聋，眼不花，其养生之道值得借鉴。

少食多餐

宋美龄很注重饮食质量，少食多餐。虽然她比较喜欢吃一些较硬的食物，但总体上不会影响消化，每餐两荤、两素，每天要吃5次餐，每一次进餐只吃五分饱，即使再喜欢吃的食物，也绝不贪食。她几乎每天都会用磅秤称体重，只要发觉体重稍重了些，就会改吃青菜沙拉，不吃任何油腻食物。

灌肠排毒

宋美龄没有便秘的毛病，但每天临睡前都要灌肠。虽然这种方法并没有科学依据，但宋美龄却几十年如一日地坚持，其目的是要将毒素清洗出来，达到排毒、养颜的作用。这在一般人看来这是件既麻烦又痛苦的事儿，可她却把这当作一件愉快的事来做。她说："每天灌一次肠，再痛痛快快地洗一个澡，我觉得自己完成了一件很了不起的新陈代谢的大工程，小小的麻烦换来舒舒服服地睡一觉，何乐而不为呢？"

坚持按摩

宋美龄到老一直保持冰肌玉肤，肌肤光泽洁净，原因之一就是她坚持天天按摩。每天午睡前或晚上临睡前，两名护士轮流为她按摩。一般是从眼睛、脸部到胸部、腹部再到下肢、脚背、脚心，此举可促进血液循环。

闲聊除忧

宋美龄同普通人一样，有七情六欲，有喜怒哀乐。然而，她的身世、学识、情趣和文化背景决定着她有很高的自控能力。她有个好习惯，每当碰到不愉快的事情，就找熟人聊天，道道心中的怨气，让郁积之气一扫而光。

果断戒烟

在台湾时，宋美龄唯一的嗜好就是吸烟，蒋介石生前曾多次劝她戒烟，但都未戒成。蒋介石去世以后，她便下定决心把吸了60多年的烟戒掉了。

阅读和书画

阅读书刊是宋美龄长年的习惯。在美国时她每天必翻阅纽约各大英文报纸。空闲时画国画、写毛笔字。因为研习绘画必须精神集中，杂念尽除，心平气和，神意安稳，意力并施，感情抒发，使全身血气通畅，体内各部分机能都得到调整，大脑的神经系统获得平衡，有效地促进血液循环和新陈代谢。

作息规律

宋美龄平时的作息很有规律。每日里作画、读书的时间一般不会超过两小时。晚上看一小会儿电视，或弹半小时钢琴。她一般晚上11点左右上床休息，第二天早上9点以后起床。常年坚持这样的作息习惯，也是她长寿的原因之一。

李鸿章：勤俭、进取、读书的养生之道

李鸿章（1823～1901年），在中国晚清历史上是一个颇有争议的人物。然而文弱书生的他，为了能保持充沛的工作精力，平时很注重身体锻炼和身心保健。他的养生体会，可用一个"俭"字概括，值得今人借鉴。

早晚简单　重视午餐

李鸿章对午餐非常讲究，不仅细粮、粗粮混杂食之，且饭量很大。午饭后还要喝一碗稠粥，再喝一碗清淡的鸡汤。间隔片刻，再饮一盅用人参、黄芪等药物配制的所谓"铁水"。早餐和晚饭则吃得清淡、简单，甚至可以用俭朴来形容。

在起居上，李鸿章常年坚持"黎明即起"。他说"盖清晨之气最佳，终夜紧闭卧室之内，浊气充塞，一吸清气，精神为之一爽，百病皆除……自今春始行此法，身体渐好，食量亦增"。

积极进取　永不服输

李鸿章能忍人所不能忍之事，无论任何失望之事，都看成是浮云过空，无懊恼痕迹。李鸿章从其师曾国藩处学到的，或者说受益最大的是"挺经"术。所谓"挺经"，简单说来，就是身处逆境、身交恶运时，在精神上要沉得住气，要挺得住，绝对不认输，不是以退为守，而是以不退为守。这种不服输、身处逆境仍积极进取的性格特点，对其养生也起到了重要的作用。

静心读书　心无旁骛

李鸿章平生爱读书、勤练字，这是他修心养性的一大法宝。李曾云："余平生最喜读者，为韩愈论《佛骨表》，取气盛也。多阅数十篇，得神志，譬如饮食，但得一肴，适口充肠，正不求多品也。"他认为，保持身心健康最简单、最俭朴的药方就是读书，"体气多病，得名人文集，静心读之，亦足以养病"。

潜心读书是修身养性的好帮手，有好书相伴左右，聚精会神地捧读，能使人远离尘世的喧嚣，进入超凡脱俗的纯净空间。良好的阅读习惯还能净化心灵、启迪智慧、修身养性、淡泊明志、延年益寿。

★ 健康箴言

◎石闲生苔藓，人闲生恶疾，懒惰催人老，运动能延寿。

◎生命由天赋，寿命靠人为，遗传只是健康的起跑线，养生保健才是生命的新起点。

◎一本好书可以改变人的命运，一次结识可以决定人生方向，一个习惯可以确保一生健康！

◎融保健于生活中，寓健身在日常中，躺在床上、走在路上、坐在车上，都是锻炼身体的好场地，关键在于你有无健康意识！

◎起居有常、饮食有节、运动有方、精神内守，能做到这几条者，必然是不祈善而有福，不求寿而自延！

◎常晒太阳勤通风，多吃果蔬常运动，膳食合理搭配好，一生顺应生物钟，良好的生活方式是身心俱健之基！

◎动手动脑抗衰老，生活有度健康保，心情愉快少烦恼，生活规律身体好，人无健康之习惯，必无强壮之身体！

◎人的血脉似长江，一处不到一处伤，一脉不通，百病众生，血通气通，生命旺盛，生命在于运动，运动就是要促进血液运动！

◎大渴不大饮、大饥不大食，美酒不过量，好菜不过饱。吃饭把握的原则是：宁可锅里存放，不让肚子发胀。

◎蔬果是个宝，赛过灵芝草，餐前一水果，老汉赛小伙；一天一苹果，疾病不找我，一天三颗枣，年轻不显老！

◎常开窗户透阳光，常通空气利健康，常洗衣服勤洗澡，常晒被褥疾病少。

◎健康是奋进、拼搏、奋发的最好投资，有了健康，才有旺盛的精力、饱满的热情和向上的活力。

◎健身，让生活有声有色；健康，让日子有滋有味。有健康，才有好日子，美好的生活从健康开始！

◎养心会使身体得到调整，运动能使精神得到放松。养生要有乐观豁达的心态，健身则需要坚韧不拔的毅力。

◎健康不仅属于自己，也属于家人，有一个好身体，就是爱对方、爱家的具体表现。

◎一个国家最宝贵的财富，不是他储备了多少黄金和外汇，也不是他有多强的工业实力，而是人民的健康水平。

◎人生在世，金钱、地位、权势、名誉都是身外之物，有一副好身板才是自己的，别人夺不去，金钱买不到，权势换不来。

◎珍惜健康就是珍惜财富，世界上没有比健康更宝贵的财富。

◎怒是健康的天敌，乐是疾病的克星；与其有病去求医，不如无病早预防。

◎只要生活在人世间，任何人都无权将健康拒绝，这是因为，健康的人永远是最美丽、最幸福的。

◎适量运动健而美，心态平和康而寿。

◎快乐要加，悲伤要减，健康要乘，疾病要除。

◎养生不养生，关系您一生；保健不保健，坚持是关键。

◎健康是最有价值的投资。对于国家，健康是生产力；对于个人，健康是竞争力。

第八章
以动养生，为修身健康之源

说起以动养生，大家首先想到的就是体育锻炼或在健身房，冰冷的运动器械和大负荷枯燥乏味的肌肉训练，常常让人对运动望而却步，也难以坚持。实际上，掌握好快乐健身的秘诀，就能在任何条件下运动，并在运动中愉悦身心，达到健身强体之目的。

经常运动的人认为，以"动"养生是健康快乐的源泉。因为它能刺激脑下垂体分泌内啡肽，让人的心情变好。但是，具体到每个人来说，由于性格、体质、家庭条件以及成长经历的不同，对运动项目的喜好也各有差别，于是我们就要把握快乐健身的原则，选择自己喜爱并有条件坚持的运动方式。

古人云："智者乐水，仁者乐山。"投身于大自然的怀抱会让人变得舒心、愉悦。天空碧蓝无垠，白云点缀其间，观看波涛汹涌的大海或劈涛斩浪或随波逐流，尽情享受海水的抚慰；置身于幽绿神秘的丛山峻岭间，或攀援而上或漫步其中，尽情享受清风、朗日、古木、鲜花的无限风光；冬日，身穿一袭亮丽的防寒服驰骋于冰雪之地；夏日，携一篮菜果与挚友泛舟于湖光山色之中；春季踏青、秋季采摘、一年四季，花样不断。当然，若有知心的伙伴和适宜的场地，进行一些集体运动项目，如打门球、桌球和羽毛球等也不失为人生一大乐事。

或许您工作繁忙，或许您家务缠身，但千万别终日劳作，一定要善待自己，百忙之中也要给自己留一点空间，留一点清闲。于朝霞初升的清晨或月朗星稀的夜晚，漫步或疾行于宁静青松中，去领略生命的曼妙和生活的美好。不要抱怨孩子小，只要不做看客，与孩子一起玩耍更是最好的放松；不要抱怨工作多，只要心中有意识，爬爬楼梯也不失为缓解疲劳的好方法；不要抱怨没时间，即便是枯燥的会议期间，也没人阻拦你静悄悄地做些腿、足、腹部锻炼；只要用心，坚持，任何时间、任何地点，都能享受到运动带给您的幸福和快乐。

选择适合自己的运动项目

美国科学家最近提出一个观点"运动是良药"，这种"良药"能强身健脑、防病治病，但需遵"医嘱"才能发挥最大"药效"。健康运动就是要按照科学的原则进行适量、适度、适时、适当，多样而有规律的运动。

选择健身运动时首先要考虑到自己的健身目的是什么，是预防慢性疾病、减肥塑形，还是增强肌肉力量。其次，要考虑到自己的身体状况和体质水平。例如，关节炎患者要避免从事震动力大的运动；平衡能力差的人不要进行快速旋转等运动。再次，还要考虑到自己的年龄与身体素质。

成年人要多选择提高心肺耐力和控制体重的有氧运动。也可选择一些增强肌肉力量和耐力的运动，如俯卧撑、下蹲、举重等。体格健壮的人可考虑球类运动如篮球、网球、足球、羽毛球、乒乓球等。

　　而老年人除了进行有氧运动以外，还要尽量多选择一些增强骨密度，提高平衡、协调和柔韧性的运动，如跳舞、做韵律操、太极拳、瑜伽等。

　　高血压患者应选择中小强度的运动，一般 40 岁以下者运动心率要控制在 140 次/分左右，50 岁的人控制在 130 次/分，60 岁以上者控制在 120 次/分以内。运动时间以每次 30 ~ 60 分钟为宜，每周锻炼 4 ~ 5 次。运动前后要做好热身和整理运动并按照循序渐进的原则，根据病情和体力逐渐增加运动量。

　　中老年心脏病患者最适合健步走、慢跑、骑脚踏车、打羽毛球、高尔夫球等运动。每周 3 ~ 5 次，每次 20 ~ 40 分钟，运动前最好先做 10 分钟热身 运动。运动强度需根据患者的身体状况来调整，运动中应注意检测心率，避免出现心肌缺氧、梗塞或心律不齐。平时不常运动的人，要先从散步、园艺、家务劳动、跳舞等低强度运动开始，适应后再循序渐进增加运动量。

　　糖尿病患者除了日常活动之外，每周需运动 6 ~ 7 次，每次 30 分钟以上，以有氧运动为主，力量锻炼为辅。尽可能在饭后尤其是早餐后 1.5 ~ 2 小时运动。因为这段时间是一天中血糖最高的时段。运动时，要带水、毛巾和一些糖块以便迅速缓解运动中可能出现的头晕、出虚汗等低血糖症状。

运动是心理按摩师

　　运动锻炼有助身体健康，这已是不争的事实。当人们感到体质下降时，常常会想到通过体育锻炼的方式来恢复健康、增强抗病能力。然而，当人们在日常生活、工作中感到压力过大或遭受挫折，出现情绪低落、郁闷、烦躁、紧张、焦虑等负面情绪时，则很少会想到借助体育锻炼的方式进行排解。事实上，体育锻炼不仅有助于提升身体的健康水平，还能明显改善心理健康程度。

提高认知能力　体育锻炼能促进机体新陈代谢，提升神经系统的活动能力，改善大脑皮层兴奋与抑制的协调作用，促进大脑的开发和利用，进而提高认知能力。研究表明，经常进行体育锻炼有助于提高脑细胞反应速度，使右脑得到充分锻炼，不仅可以提高空间、时间和运动的感知能力，而且还能改善记忆力和形象思维能力。

改善情绪状态　心理学家认为，体育锻炼能激活中枢神经系统并达到愉快水平，适度体育锻炼能促使人体释放出内啡肽，让人感到心情愉悦，从而有效降低紧张、焦虑、抑郁、愤怒等不良情绪。医学研究表明，无论是长期锻炼还是短期锻炼都能产生良好的情绪效应。但相对于长期锻炼，短期锻炼所产生的积极情绪效益则不太稳定，持续时间也较短。

不少研究表明，长期锻炼不仅能明显改善负面情绪，而且还与个体的幸福感密切相关，经常参加体育锻炼者比不锻炼者的自我感受和自我评价更积极。

塑造良好品格　体育锻炼是一种需要不断克服自身主观困难的活动，如肌肉酸痛、关节扭伤、惰性心理和逃避心理等。由此可见，进行体育锻炼，不仅能挖掘自己的潜能，提高运动能力，而且还有助于提升个人意志水平，增强自我控制能力，培养勇敢果断、坚定刚毅、吃苦耐劳、坚持不懈等良好品质。

培养积极个性　体育活动有助于形成更积极健康的人格。经常参加体育锻炼的人往往表现出更多阳光、向上的个性特点。有研究人员曾对运动员和普通人进行比较研究，结果表明：运动员更具独立性、心态健康，处事也更积极客观。

运动心理学家指出，不同的运动项目各有特点，对于希望借助体育锻炼改善性格的人来说，最好能根据自身情况选择合适的体育项目。比如：办事犹豫不决、不够果断的人，可通过乒乓球、网球、羽毛球、拳击、击剑等需要快速做出反应的体育活动来增强自己的果断性；对于遇事易急躁、冲动的人，则可选择太极拳、慢跑、散步、游泳、射击等能增强自我控制能力、稳定情绪的项目；而对于比较孤僻、不善与同伴交往的人，则建议多参加篮球、足球、排球等集体项目。体育锻炼在增强身体素质的同时，还对心理素质的完善，心理健康水平的提高有着积极的促进作用。

为什么人们难以坚持锻炼

运动是一剂改善身心健康的良药，但其作用并非立竿见影，而是需要长期坚持。因此，养成良好的锻炼习惯尤为重要。然而，现实生活中，能够养成锻炼习惯，长期坚持的人并不多。什么原因导致人们不能坚持锻炼呢？加拿大健康与生活方式研究所曾作过相关调查，总结出了不爱运动的人使用最多的三个理由是：没时间、没精力、没动机。这些是不是放弃锻炼的理由呢？下面从知、情、意三个方面进行分析。

1. 从认知方面来看，所谓"没时间"、"没精力"，实际上是没有充分认识到身体锻炼的重要性，甚至没有意识到身体健康的重要性。在他们看来，身体锻炼远不如工作、学习或其它事情重要。事实上，我们应该知道"8－1＞8"的道理，每天从 8 小时的工作学习中抽出 1 小时进行体育锻炼，工作学习效率要远远超过只工作学习不锻炼的 8 小时效率。

2. 从情绪情感来看，无法坚持锻炼者往往不能发自内心地喜欢锻炼，也就是所谓的"无动机"。在他们看来，锻炼是一种负担，缺乏锻炼热情。一些人也许是出于身心健康、减肥或是健美等原因开始锻炼，但坚持一段时间后，没达到预期效果，就会放弃。

3. 从意志方面来看，不能坚持锻炼本身就是意志薄弱的表现。人们很容易输给自己的惰性，稍有一些困难（如天太冷、太热、没睡醒等）便成为放弃锻炼的借口。

如何做到坚持锻炼

最好的方法就是养成长期锻炼的好习惯。习惯的力量是强大的，一旦形成某一种习惯将很难更改。然而习惯的养成也并非一蹴而就，它需要一段时间的重复和练习。行为心理学研究表明，一个动作或想法，如果重复 21 天就会变成一个习惯性的动作，即 21 天效应。养成长期锻炼的习惯同样可以遵循这样的规律。运动心理学家将体育锻炼习惯的形成大致分为三个阶段：

第一阶段（1～7 天）建立阶段。这一阶段需要靠个人毅力，努力督促自己进行锻炼，且锻炼过程中会有一定的不适感。刚开始锻炼需要改变原有的生活方式和作息规律，需要与原来懒散的行为作斗争，还得忍受锻炼所带来的肌肉酸痛。而且这一阶段往往还体会不到锻炼所带来的益处，因此很容易放弃。

第二阶段（7～21天）形成阶段。这一阶段锻炼不适感会明显减少，新的作息时间和生活方式基本适应，也初步体会到了锻炼所带来的好处，此时，锻炼习惯已基本形成。

第三阶段（21～90天）巩固阶段。经过约三个月的练习，锻炼习惯基本稳定下来。此时，锻炼行为不再需要意志努力，行为过程自然、流畅。倘若突然有2～3天没有锻炼，反而会觉得不舒服，不习惯。

由此可见，运动习惯的形成是一个由外部支配到内部控制，从不稳定到稳定，逐步自动化的过程。一旦形成习惯，锻炼就不再是负担，而成了一种需要，当需要得到满足时，人就会感到愉快、兴奋，反之则感到不舒服。

全面健身　拥有好状态

有一个奇怪的现象让人非常困惑，人们的生活水平不断提高，医疗条件也逐步改善，但一些人的健康状况却在不断下降。这是为什么呢？

有人说工作太忙，没时间锻炼；有人说我身体好着呢，不用锻炼；还有人说锻炼多累呀，不如歇一会儿。殊不知"生命在于运动"，长期不锻炼会使您发胖，身体每况愈下，甚至疾病缠身。世界上没有一味药可以治疗百病，运动不是药，但它却可以预防百病，让您拥有强壮的体质，百病不侵。

全面健身就是用科学运动的手段，给身体带来良好的状态。运动是把"双刃剑"，不科学的锻炼反而有损健康。

在群众性体育活动中，最容易犯的错就是以讹传讹：一人说这个运动项目好，个个都去练；有的人认为动作越复杂越好；有的人则说只有晨练效果才最好；还有的人则认为散步时间越长越好。其实，怎样运动、运动多长时间要根据每个人的身体情况而定，动作应有针对性且越简单越好，早中晚都应适当进行锻炼。

运动可随时随地进行。觉得没时间锻炼的人，这是托词。其实，候车时可运动，看电视时可运动，吃完饭后也可以运动。男人一年四季每天早晨冲个凉水澡，女人用冷毛巾擦擦身，生活中的每个细节都是运动，但重要的是持之以恒。

中年人最需要全面的健身，因为他们往往是上有老、下有小，生活负担重；在单位又是中坚力量，工作压力大；特别是中年白领，他们的工作环境舒适，室内有空调，久坐不动，这其实是健康的最大杀手；此外他们的人际关系复杂，调节难度较大；饮食、睡眠没规律，再加上烟酒刺激和暴饮暴食，所以现在中年人的疾病和死亡率也在逐步升高。

以动养生还要讲究动静结合

世人皆云："生命贵于运动。"可见运动对于人体健康的重要性。但过度运动也会致病，即"劳大疫大"，故动静相宜方为人体健康之本。

古人云："太上养神，其次养形。"养神与养形是摄生之大法，为历代医家所遵从，更值得今人研究探索，动静兼修做到"形与神俱"，实乃养生之最高境界。

运动是养形的主要方式，正所谓："养生莫善于习动"，其对于生命的重要意义，早已被古人所阐明。元代著名医学家朱丹溪说："天主生物故恒于动，人有此生也恒于动。"人体缺乏运动，其害非浅，《吕氏春秋》认为："形不动则精不流，精不流则气郁处于头则为肿为风，处耳则为桐为聋，处目则为蔑为盲"，人们早就认识到缺乏运动可使精气郁滞，致生诸病。《素问·宣明五气篇》也曾记载坐卧太久的危害，它指出："久卧伤气，久坐伤肉。"据此，明代李梴告诫："终日屹屹端坐，最是生死。"《寿世保元·饮食》也云："食后便卧，及终日端坐皆凝结气血，久即损寿。"老年人脏腑亏损，气衰血涩，一旦静息太过，其后果往往较严重。在临床上，常见体弱老人终日坐卧，反致速逝，究其因，乃静而乏动，气血不行之故也。

华佗指出："人体欲得劳动……动摇则谷气得消，血脉流通，病不得生"。孙思邈则强调，流水之常新，户枢之晚朽。"以其运动故也。"因此他要求老年人常行导引。"礼拜一曰勿住，不得安于其处，以致壅滞。"历代诸家所论，无不阐明运动对健康长寿的重要意义。

但世间万物皆各有度，过度运动可致害为病，《素问·宣明五气论》论五劳所伤有："久立伤骨，久行伤筋"之说，《庄子·刻意》也有"形劳而休则弊，精用而不已则劳，劳则竭"之论述。可见劳伤过度，精竭行消是致内伤虚损之病因，李东垣认为："劳役过度可致脾胃内伤，百病由生"，《叶天士医案》也记载有过度劳形奔走可致百脉震动劳伤失血之证。

古代医家十分重视劳动节律，华佗指出："人欲得劳动，但不当自使极。"孙思邈也说："常欲小劳，但莫大疲及强所不能勘耳。"同时，他还认为，老年人更应注意"身无妄动……无作博戏，强用气力，无举重，无疾行"，倡导量力而行，徐缓图功。

如上所述，人体运动须有常有节，动静结合，形劳不倦，更有益于健康。正如《内经·上古天真论》所云："知其道者，法于阴阳，和于术数，饮食有节，起居有常，不妄作劳，故能形与神俱，而尽终其天年，度百岁乃去。"

运动虽对健康有益，但人们特别是中老年人在运动时，一定要掌握以下原则：

运动与年龄相宜　人在各年龄段，生理状况都有差异，运动的量、项目等同样要随之变化调整。对青年人来说，最简便有效的方法是每天（至少隔天）慢跑 30 分钟，做俯卧撑或仰卧起坐数十个，哑铃扩胸举高数十次。四五十岁的中年人应选择对心肺功能的锻炼，如跑步、快走，并适当增加锻炼上肢和躯干的运动；中年人容易发生腹部肥胖，应注重对腹部肌肉群的锻炼，可选择游泳、健身操、登山、跳绳、骑自行车等运动项目。对老年人来说，运动的关键不仅是增加运动强度，还应注意运动频率。最好选择自己感兴趣、能长期坚持的运动项目，如步行、慢跑、太极拳、老年健身操、门球、柔力球、游泳等。随着年龄增长，老年人应逐渐放弃对抗性运动，如球类运动等。需提醒的是：年龄较大或身体虚弱者不宜剧烈运动而应静养。调查发现，百岁老人中，不少人终身不运动或运动少，他们完全是得益于中国传统的虚静养生。

运动与体质相宜　　《黄帝内经》把人的体质分为"阴阳二十五人"。在这"二十五人"中，有的人瘦而弱，有的人素体偏冷，有的人素体偏热。如同样健康的人，到了冬天，有的人衣着单薄照样不冷，有的人穿得很厚仍瑟瑟发抖。

中医认为，"动则生阳""静则生阴"，身上觉得冷了，动一阵子，就热起来了；身上烦热了，让心和身体静下来，热就会自动减少。因而，是动好还是静好，宜多动还是宜多静，最好根据自身体质而采取相应的方法。

运动与健康状况相宜　　健康状况包括人的饥饱、劳逸和身体状态。营养不良及身材瘦弱者，体内能量积蓄较少，若再大量运动，会使身体更加虚弱，因而少动为宜。营养过剩者，适量运动不仅能促进消化，而且还有利于体内脂肪分解和消耗。因多种原因没吃饱饭、体内缺少能量支撑者不宜再运动，否则易出现低血糖症状。对于有下肢关节疾病者，特别是髋、膝、踝关节及肌腱劳损、挫伤或骨关节退化者，最好别选跑、走、跳等运动项目。下肢静脉曲张，出现血管暴起怒张、青紫肿胀者则不宜步行。动则心慌气促、大汗淋漓、头晕欲倒等内科疾病患者，也多不宜做步行运动。卧床者可自己扩扩胸、揉揉腰肢、搓搓手；久病体弱者不妨在空气清新处进行深呼吸或练气功、玩健身球、下五子棋等。严重的肝病、肺结核患者则最好卧床休息。

运动与职业相宜　　体育运动的本质在于肌肉运动，如体力劳动者天天劳动，本身就是在做肌肉运动，因而休息时宜少动或静养。相反，平时脑力劳动较多者，休息时需适当动一动，以恢复大脑机能，修复脑细胞。特别是久坐办公室或生活节奏较快的"上班族"，可在周末打打球、游游泳，尽量做到闲时勤动、忙时少动、大忙则静养。

运动与气候相宜　中医理论认为，人体内部有一个小的气候环境，四季分明。在中医典籍《黄帝内经》中，已较详细地叙述了不同季节，人们应采取相应的运动方式和运动量。例如，春天是花粉症和哮喘等过敏性疾病的高发季，有此类疾病者应尽量减少外出；夏季空气潮湿、气温高、气压低，冠心病、脑梗塞等心脑血管疾病易作祟，这类患者宜静养，少做剧烈运动；秋季脾胃虚弱者易发支气管炎和哮喘等疾病，可在室内适量运动，外出时注意防寒；冬季运动不宜过早，最好等太阳出来后再出门"必待日光"，以保护人体精气，使阳气不外泄。

运动与地域相宜　我国幅员辽阔，不仅经纬跨度大，且地势、地貌各具特色。南方偏热，四季如春；北方偏冷，冬季偏长；高原缺氧，沿海潮湿，大漠干燥，西北风沙，东南多雨……不同地域生活的人，生理状况和运动要求也各有不同。所以，人们特别是中老年人在选择运动方式时，应根据当地的地理环境和客观条件而变化，近山经常爬山；靠海常去观海；临湖勤去垂钓；靠近公园就多散步……这种健身方式因地制宜，既利于长期坚持，又能收到较好的效果。

适量运动可缓解慢性疲劳

如果您最近常感到疲劳，且经过充足睡眠后仍不能缓解，则需警惕了，一种被称为"慢性疲劳综合征"的现代病正在悄悄侵蚀您的身体。

运动医学专家指出，正常人即使再疲劳，经过一夜睡眠基本可以恢复充沛精力。若第二天起床后，仍感觉十分疲倦，且这种疲劳感持续一周以上，很可能是"慢性疲劳综合征"。可现实生活中，很多人却不以为然，而是硬扛。殊不知，会影响个人的工作、学习以及日常生活，强烈的长期性疲劳还有可能是其他病症的征兆。如果这种疲劳感持续半年或更长时间，身体可能会出现低烧、咽喉肿痛、淋巴结肿大、注意力下降、记忆力减退以及全身无力等症状，甚至造成体内激素代谢失调、神经系统调节功能紊乱、免疫力下降，进而出现肩膀酸痛、头痛等神经失调症状。

如何摆脱"慢性疲劳综合征"呢？运动医学专家认为，适量运动是最有效的，也是最积极的治疗方式。科学实验证明，经常进行体育锻炼的人，心脑血管壁富有弹性，血液循环更加顺畅。临床研究数据显示，适量运动者的血液循环量比普通人高出约两倍，此举可使大脑组织得到更充足的氧气和营养物质，运转更加自如，思维也更加敏捷。因为运动能舒缓压力、减轻疲劳，使平时较少活动的肌肉得到适度锻炼，消除局部疲劳、缓解肌肉紧张等不适。适量运动还能兴奋中枢神经，抑制大脑思维中枢，使其得到适度休息。有科学家做过实验：思考神经连续工作两小时，至少需要20分钟才能消除疲劳，而用运动方式则只需5分钟就能赶走疲劳感。

可生活中，很多人都没有主动运动的习惯，每天的能量消耗主要集中在工作和上下班途中，难怪身体每况愈下。美国哈佛大学一项研究也给我们提了个醒：每天至少进行1小时的体育锻炼，如爬楼梯、散步或打扫卫生等，比完全不从事体力活动的人死亡风险降低了27%；平均每天运动1

小时，可延长两小时以上的生命。

运动有助延缓衰老

运动的目的有三种：第一种是防止随年龄的增长而发生肌肉老化萎缩，特别是日常生活中不大使用的肌肉；第二种是为改善因年龄增长而变慢的血液循环、淋巴循环、呼吸系统及新陈代谢；第三种为增进耐劳、敏捷度及养成运动性习惯。

中老年人锻炼身体时须谨记，不要从事过于激烈、紧张、刺激的运动，特别是强力对抗、弯曲或伸展躯体、头部摆动、身体急速俯仰、手足剧烈移动、跳跃及快跑急停等运动，也不需要强调动作的准确性、快速性与敏捷性，可根据个人喜好选择节奏轻快、力度柔和、时间适宜、稍微出汗的运动，如快走、踢毽子等。

广播操或简易自编体操

这类体操很适合 40 岁以上的中老年人，但需注意以下细节：

1. 分类编操。使全身各个部位都能得到适度活动，把相近的部分编在一起，以求动作协调，不留死角。如头、颈部的动作编在一起，手臂活动连接肩和胸背，锻炼腰腹部时，顺带活动胸廓和下肢、髋关节。

2. 适宜的活动限度。关节有关节的活动范围，肌肉有肌肉的活动范围，自编的动作不能超出身体限度，以免受伤。

3. 应根据不同的疲劳部位编动作。长时间不活动或较少活动的部位，应设计些轻柔、运动量小的动作；长时间用力的部位要自编些放松、柔和的动作。

4. 由易到难，由简到繁，运动量由小到大，逐渐增加。

太极拳

太极拳的特点是动作缓慢而平稳、连贯而协调，柔和而圆活，打拳时要求注意力集中，动中取静，精神和肉体同时得到放松休息。太极拳对心血管收缩功能很有益，并有助改善骨、关节、肌肉等运动系统，维持其健康和功能健全。又因为练太极拳时能全神贯注，使"意"、"气"、"动"三者结合，引起神经系统的兴奋、传导和反射，促使中枢神经和周围神经功能相协调，对高血压、神经衰弱、溃疡病等症都有一定的辅助治疗作用。作为一种温和的全身性运动，太极拳非常适宜于体质较差的冠心病、肺结核、肝炎恢复期病人锻炼。

步行

步行是一种很好的锻炼方式。每天坚持步行 20 分钟以上的人，心肌缺血性异常发生率比少活动者低三分之一。

步行可快可慢，运动量可根据个人体质调节，不受年龄、场地等因素限制。老年人起初可在平坦的路上慢速步行，以后可选择坡地、爬楼梯等，并逐步增加梯级和速度，减少中间休息数次。日常生活中也应尽量多走、多动，久坐后要挺胸背手来回走动 20 分钟以上。

慢走能对大脑皮层产生温和而调奏的刺激，进而消除疲劳，调整全身功能，使肌肉、心血管、内脏器官等有所改善，尤其适合更年期妇女练习。但走步时身体要自然站直，挺胸抬头，两眼平视，呼吸自如，双臂摆动，并尽量选择空气清新处活动。

跑步

跑步是一种锻炼效果较全面的运动，具有活动广泛与节奏性强两大特点，无论年轻人还是老年人，经常跑步均可增强体质、促进健康、消除疾病、延缓衰老。

中老年人较适合慢跑，以略快于平常走路的速度为宜，可先跑短距离，然后渐增至中距离，再练习变速跑。接着尝试中速长距离慢跑。运动学专家指出，任何时候开始跑步锻炼都不嫌晚，只要您持之以恒，必有意想不到的健康收获。

爬楼梯

爬楼梯或上石阶也是一种健身方法。因登梯动作要把腿抬高，有走和跳两个动作，就能促进能量代谢，增强心脏功能，从而起到减肥和防治冠心病的作用。据生理学家测定，一个 40 公斤重的人，爬十分钟楼梯要消耗热量二百卡，下楼梯消耗的热量为上楼梯的 1/3。在同等时间内，爬楼梯消耗的热量比游泳多两倍半，比散步多 4 倍，比跑步多 23%。

适当爬一爬楼梯，对身体大有好处。一个体型肥胖的中年妇女，如果住在三层楼上，每天坚持上下楼梯五六次，一年便能使体重减轻三公斤，还可使动作更矫健，身体更强壮。

必须坚持运动的理由

运动给人们带来的好处已远远超乎我们的想象。美国运动医学院的研究表明，运动能给人们带来两个最显著的益处是：正确的运动能让人保持持久的健康活力和苗条的体态；运动能让人拥有更健康的心脏和更低的患癌风险。其实，运动的益处远远不止这些，它还能给我们带来很多健康回报。

1. **缓解身体自然疼痛**。如果您感到膝盖、肩膀、背部或脖子疼痛僵硬时，休息并不是最好的方法。专家表示，长期坚持有氧运动的成年人同那些总是喜欢躺坐在沙发上的人相比，肌骨骼不适的几率低 25%。研究发现，运动中释放出的内啡肽，是身体疼痛的"舒缓剂"，能让肌腱不易被拉伤，并缓解身体一些慢性疼痛，如关节炎。美国北卡罗莱纳州大学的研究证明，关节炎患者在经过 6 个月低强度的锻炼（如平衡运动）之后，疼痛感降低了 25% 左右，僵硬感约降低 16%。

2. **降低患感冒的几率**。适当运动不只是促进新陈代谢，还可提升自身免疫力，对抗感冒病毒和其他细菌入侵。美国华盛顿大学的研究发现，每周进行 5 次时长 45 分钟的心肺锻炼课程的女性，发生感冒的次数是那些每周进行一次拉伸锻炼女性的 1/3。

3. **让口腔更加健康**。专家认为，牙线和牙刷并不是扮靓笑容的唯一法宝，适度的体育锻炼也扮演了重要的角色。研究发现，牙龈疾病会随着年龄的增长而发生得更为频繁，而成年人每周进行 5 次 30 分钟的运动，患上牙周炎的几率会降低 42% 左右。运动也能像阻止牙周炎一样抑制心脏病的发生，因为它能降低血液中导致炎症发生的 C 反应蛋白的含量水平。

4. **提升语言能力**。仅在跑步机上跑步锻炼就可让您变得更加聪明。德国门斯特大学的研究表明，若进行两次 3 分钟的快跑（中间可有两分钟间隔），学习新单词速度会比没有进行这一锻炼的人快 20%。因为心脏快速跳动可增大血流量，向你的大脑输送更多的氧气，同时还能激发大脑中控制事务处理、制订计划和记忆区域的更新。

5. **更快乐地工作**。英国布里斯托尔大学的研究表明，积极的生活方式可以帮助人们更好地完成每天的工作计划。经测试发现，公司职员在进行完一套健身活动后，他们的思维变得更为清晰、工作完成得更快，而且与同事之间的合作也更加顺畅、富有成效，同时还可降低患病率，避免因生病耽误工作。

6. **视力更清晰**。对心脏有帮助的事物就会对视力有帮助。英国一家医院眼科研究发现，积极运动的生活方式能让人的视力衰退几率减少 70%。如条件允许，可每天步行 6 公里，全年配戴防紫外线的太阳镜。

7. **获得"即时"能量**。据统计，有 50% 的人一周中至少有一天会感到很疲惫。美国乔治亚州大学的研究者通过对 70 项不同研究分析得出：让身体动起来可以增加身体能量、减少疲劳感。有规律的运动可以激发大脑中一些对抗疲惫的化学物质，如去甲肾上腺素和多巴胺，令人精力充沛，另外大脑中的血清素也可以帮助提升情绪。

8. **促进深度睡眠**。每周 4 次、每次至少用一小时来散步或做其他有氧运动的女性，睡眠质量比那些不爱运动的女性高50％。因为随着年龄的增长、压力的增大以及环境的变化，人的睡眠形式会发生改变，夜间会越来越多地受到睡眠太"浅"的困扰，从而无法真正深入睡眠，让身体得到充分修整。因此，不管多晚每天都要锻炼半个小时。研究表明，对大多数人来说，夜晚少量和中度的运动并不会扰乱睡眠。

健康生活离不开运动健身

健康的生活方式是提高健康寿命的关键因素。要生活得有品质就要有健康的生活方式。据2009年中国城市健康状况调查显示，年轻人从22岁开始工作，直到60岁退休，这中间的38年里，工作和应酬占据了他们大部分的时间和精力，健康状况严重透支。有人将那些英年得病或早逝的"白骨精"（白领、骨干、精英）们的生活规律总结为"三少"和"三超"。"三少"是健康长寿知识少，自我保健意识少，强身健体行动少；"三超"是工作压力超载，生活节奏超速，身心负担超重。由于他们的生活无节律，身心疲惫，违背了生命的自然规律，所以容易积劳成疾，甚至早逝夭亡。

据世界卫生组织统计，2008年有1730万人死于心血管疾病，占全球死亡总数的30％。80％的心血管疾病死亡发生在贫困和中等收入国家。到2030年，预计将有2360万人死于心血管疾病。每年至少有2000万人得急性心脏病和脑中风。

2008年，世界上有760万人死于癌症，约占死亡总数的13％，主要有肺癌、胃癌、肝癌、直肠癌、乳房癌等。

70%以上的癌症死亡发生在贫困和中等收入的国家。预计到2030年全球每年因癌症死亡人数将超过1100万。70%以上的癌症与生活方式有关，如吸烟、酗酒、肥胖、水果和蔬菜摄取量不足、空气污染等。

目前中国患高血压总人数为1.6亿多，占全国人口总数的18.8%，血脂异常人群1.6亿，占全国人口总数的18.6%，而且这一数字还在不断增长，城乡差距不断缩小。每年全国死亡总人数约1030万，其中超过80%由慢性病所致，远超世界平均水平（60%）。20岁及以上的中国人中患有慢性病的占到近10%，远超德国、法国、英国、加拿大等其他西方国家。

运动是维持生命的关键因素，要生存就要运动。研究结果显示，20多岁时选择的生活方式会影响40岁以后的健康生活，年轻时吸烟、酗酒、不参加健身运动、体重超标、饮食不均衡等会加大中老年时患心脑血管疾病、高血压、糖尿病、癌症等非传染慢性疾病的风险。生活方式的选择比基因遗传对健康的影响更大。

饮食的主要目的是摄取营养和能量，保证身体各系统正常的生理功能。而运动则能够消耗能量，提高新陈代谢率，增强身体各系统的免疫功能和工作效率，还可强身健脑，防病、抗病和治病。

由于非传染慢性疾病多是由于缺乏身体运动和饮食不合理引起的，所以健康的生活方式首先是追求科学的体育运动，其次是合理、多样而且均衡的饮食。饮食和运动需要保持平衡才能保证身体器官正常功能的维持。只有多动手、多动腿，才能更好地享受世间美味。

长期坚持适当运动能够减少30%～50%的早亡风险；

减少 40%～50% 患心脏病的风险；减少 30%～50% 患脑中风的风险；降低血压；降低坏胆固醇和血脂，有助减轻体重，提高新陈代谢，预防肥胖；减少患糖尿病风险。

对国家而言，可以提高医疗服务质量，但难以有效地解决当今的健康问题——非传染慢性疾病；对个人而言，有钱可以到大医院看专家，但却无法买到健康；就疾病而言，预防比治疗要好得多。

★ 名人养生谈

吕正操：百岁上将的养生之道

106 岁的吕正操上将是享年最长的开国上将，也是最后一位逝世的开国上将。

在抗日战争时期，吕正操曾担任冀中军区第一任司令员。将军曾用"打日本、管铁路、打网球"9 个大字来概括自己一生的经历和业绩。而说到他的健康长寿，真是如有神助，堪称奇迹，读书、打桥牌、打网球，则是将军晚年保持体力、脑力的三个有力招术。

吕老喜欢打网球，在网球界是出了名的老将，他曾被国际网球联合会授予国际网联最高荣誉奖章。吕正操生前还担任过中国网球协会名誉主席的职务。吕正操打网球的历史要上溯到上世纪 20 年代。那时，他在东北军当兵，张学良作为青年会的董事，在景佑宫院中空地开辟了网球场。吕正操经常参加青年会的活动，坚持学英语，也常常打网球。战争年代，吕正操的"行军装备"中就有网球和球拍，休息时在打麦场上拉开网子就打。建国后，根据国家体委的分工，吕正操还担任了全国网球协会主席的职务。在1974年复出后等待分配工作的日子里，吕正操还常常乘坐公共汽车到天坛网球馆去打网球。82岁高龄时，吕正操还参加在杭州举行的全国比赛。当外国记者问他保健的体会时，他的回答是："用游泳、打网球来活动身子，用打桥牌来活动脑子，是紧张工作之余理想的锻炼方式。"88岁高龄时，吕正操每周仍打四五场网球，每场一两个小时，运动量颇为惊人。

除了网球之外，吕正操还参加其他体育运动。到过他家的人都知道，在他的会客室里放有一辆模拟脚踏车，这是他行之有效的锻炼工具。有次他在国外考察时看见一部固定的脚踏车，引起他的注意，回国后就请一位工人师傅做出这辆简易模拟脚踏车。以后，他经常坐在一旧藤椅上，一边蹬车，一边看报，真是两全其美。

对于如何掌握运动量，吕正操强调说："对老年人来说，锻炼要注意一个量的问题。做任何事情过量、过度，就会适得其反。用脑怎样才算适度，只能凭自己的感觉。自我感觉良好，疲劳基本消除，这样的量才是合适的。"

吕正操爱打桥牌也是很出名的。他认为，人的机体各部分都是这样：用则进，不用则退。现代人的大脑，要比我们祖先发达得多，为什么？用脑多是重要因素。他认为，老年人既要锻炼身体，又要注意活动脑子，这才能有效地延缓衰老。在吕正操写的一首七绝中，有这样两句诗："最喜夕阳无限好，人生难得老来忙。"他还说："人，不在于活多久，而在于多做事。"

吕正操非常喜欢读书。在他的书架上，马克思主义经典著作、《中国事典》、《中国大百科全书》、《资治通鉴》、

《朱光潜全集》等书赫然醒目。吕正操对京剧艺术也十分挚爱。他认为，京剧是我们国家的瑰宝，是中国戏曲的集大成之作。吕正操还是个业余诗人。无论战争年代还是和平年代，每当吕正操思潮奔涌的时候，他的笔端就会流泻出一行行优美的诗句来。

吕正操的养生之道很有特点，他饮食有节，作息有常，饮食很科学，以清淡为主，喜吃五谷杂粮。

他认为，粗茶淡饭最养人，定时定量最重要。

于洋：痴迷运动的养生之道

主演过《英雄虎胆》、《青春之歌》、《暴风骤雨》、《大浪淘沙》……导演了《戴手铐的旅客》、《大海在呼唤》……老艺术家于洋在中国百年电影史上留下了浓墨重彩的一笔。2010 年 10 月，第 19 届金鸡百花电影节授予他"终身成就奖"。

而今耄耋之年的于洋，虽满头银丝，但身板硬朗，常参加一些与电影相关的活动。他说："我的身体好，与我常年参加体育运动有直接关系。"

于洋出生于一个贫苦农民家庭，15 岁便参加了革命。在部队里他骑马、打枪，还爱好各种球类，是个体育活动积极分子。于洋回忆起从前的时光，觉得颇有意味："那时候尽管受到场地、设施的限制，也没有运动服，但我们依然玩得很开心，直到天黑得什么都看不见才回家。"从影后，他在电影《水上春秋》中主演蛙泳世界冠军华小龙，当时仅会"狗刨式"的他跟着教练成天泡在游泳池里。经过一番苦练，他不仅成功地塑造了华小龙这个形象，游泳技术也达到了三级运动员的水平。

"人生是一座天平，一头是劳，一头是逸，只有注意调节，才能确保健康。"于洋在生活中很注意劳逸结合。有时太累了，就主动休息一段时间；太闲了，就参加一些活动，活络筋骨。

钓鱼也是于洋的一大爱好，迄今他还担任中华名人垂钓俱乐部的执行主席。刚开始垂钓时，他并不入门，常常空手而归。谢添、陈强、葛存壮也喜欢钓鱼，通过不断切磋，于老摸到了不少门道。自己做鱼食就是于洋的诀窍之一，他说："钓鱼有不少学问，要了解鱼的生活习惯，要看鱼下菜，投其所好，才能有所收获。"于洋认为，钓鱼是静养功，能调理体内气血，陶冶情操，对预防与治疗一些慢性疾病很有帮助。"久居城市的人，能主动投身到大自然中去，甩上几杆，是一种积极性的休息方式。"

虽是高龄老人，可于洋不畏老，不服老，在晚年生活道路上充满了自信和豪气。正如他诗中所言："春天后面不是秋，何必为年龄发愁？只要在秋霜里结好果实，又何必在春花面前担忧。"

关幼波：运动养生益终身

关幼波是当代杰出的中医大家，被誉为"国医泰斗，岐黄圣手"。同时，他还是一位长寿的养生家，90多岁仍思维敏捷，耳聪目明、声音洪亮，并精力充沛地工作在临床一线。关幼波在自身调养中形成了一套养生理论："精神内守，心情舒畅，劳逸结合，饮食有节，不为七情所伤，不为名利所惑，要有云水风度，松柏精神，持之以恒，则可长寿也。"

关老自幼喜爱运动，他根据自身特点，选择适合自己的运动方式。老年后，习惯性的运动成为自然，形成他行之有效，有自身特点的运动养生经验。

持之以恒　自创床上八段锦

关老根据自身体质，独创了一套床上养生操，叫床上八段锦。每天早晨锻炼一个多小时，几十年如一日。具体内容如下：

1. 晨起后盘腿坐在床上，搓热双手，然后将手分别放在两眼内侧，由内向外搓到耳部为止，再重新开始，反复30次，能明目、聪耳。

2. 将手掌分别放在鼻梁两侧，沿鼻梁从上额搓至下颌，然后再从下向上，来回搓30次。此举可减轻鼻腔充血，缓解慢性鼻炎，延缓面部皮肤老化，减少皱纹。

3. 双手十指微屈，用指肚从前向后梳头发30次，可延缓衰老，预防白发、脱发。

4. 闭目叩齿100下，然后将产生的唾液咽下，有固齿之效，还能预防牙病、促进胃肠消化。

5. 双手分别放在两侧膝盖上，旋转揉搓膝关节，同时上臂带动肩、腰左右摇摆，做30次。此动作能舒筋活血，锻炼腰、膝、肩关节的灵活性，对腹部也有按摩作用，有助消化。

6. 双手扶两膝，以尾骨为轴先向左转圈晃腰30次，再向右转圈晃腰30次，接着由腰带动胸椎、颈椎、头部前后晃30次。

7. 直起腰，双手放在后腰，顺着脊柱上下来回搓，可根据个人身体状况，少则二三十次，多则百余下。此动作能益肾养肝，防治腰背酸痛。

8. 两臂向前平举，五指张开；然后屈肘向后扩胸，同时五指握拳，两小臂内旋，手心向上，做 100 次，有增强心肺功能、预防老年手抖之效。

以上动作完成后，放松全身，将手臂随意放在腿上，闭眼，意守丹田，做腹式呼吸，10 分钟后结束。

这套操的特点动作缓慢，运动时平心静气，使气血动而不疾，不消耗太多体力。动作不剧烈，幅度也不大，尤其适合老年人或体质虚弱者，腰腿痛关节活动不利，头脑反应较慢者。可舒筋活络，调理脏腑，帮助消化。关幼波九十高龄腰不弯、眼不花、手不抖、头脑清晰，得益于他数十年持之以恒练习床上八段锦之功。

见缝插针 工作之余运动法

关幼波每周出四次门诊，患者少时四五十人，多则八九十人，还要接受外出会诊以及不少事务性工作。回到家中还有登门求医的患者，工作十分繁忙。但他习惯休息时忙里偷闲，见缝插针活动几下。比如，他的诊后三部曲就是其中之一。每次结束门诊送走最后一位患者之后，他首先喝两口茶，做深吸气，再气冲丹田，声如洪钟般地深嗽三声。之后，掌心向下，向前端平上臂，接着边抓手指，手心向上内旋小臂边屈肘扩胸三下，张开五指来回旋转几下上臂。最后，双手掌放在脸上，向内打转三下，向外打转三下搓脸。这可以吐出久郁的浊气，振奋胸阳，解除上肢紧张，预防手抖，缓解眼睛疲劳，放松面部肌肉，清脑醒神。这几个小动作简单，做起来不占多少时间，特别适合长时间伏案，或在电脑前工作学习的人。

有备而动　活动之前先热身

随着年龄增长，关幼波自创了一些运动小窍门，步入老年后逐渐养成了习惯。他在活动前从不直接站起，特别是久坐后。他的习惯是站起前先搓搓大腿，揉揉双膝，再扶案站直。接着跺跺左右脚，转转腰，扭扭胯。然后他才迈步活动。这就好比开汽车，打着了火先预热，灵活以后再开动一样，可预防老年人因突然活动容易出现腿打软，抻了筋，扭伤腰等情况，此经验非常适合老年人。

劳逸结合　运动娱乐两不误

关幼波酷爱体育运动，兴趣爱好广泛，拉琴、下棋、画画、练字、唱戏样样精通。这些爱好一方面调剂生活娱乐自己，同时劳逸结合。中年时他常骑自行车，散步遛弯，到了晚年，逐渐改为养花，喂鸟，画画，写字。这种运动方式，娱乐老人身心，陶冶情操，使生活更有情趣。他常说：老人要根据其所好，有好养鸟的，有好钓鱼的，有好下棋的等，要有所乐，总要调剂生活。劳逸结合，对身心都有好处。

养生之道，运动是外因，内因本身得有这条件，外因才能结合，通过内因起作用。运动得根据你体质，跑步也好，打球也好，钓鱼也好，散步也好，只要适合自己，都可以达到养生目的。

邓铁涛：运动养生效果好

"运动是养生的重要组成部分"，这是汉代华佗的至理名言，他在论五禽戏时指出："人体欲得劳动，但不当使极耳。动摇则谷气销，血脉流通，病不得生。""不当使极"，即言适量而不为过，过则于养生不利。

在现代养生学中，运动占据着不可动摇的位置，几乎每个养生专家都要强调运动对身体健康的重要性。国医大师邓铁涛作为一个有着丰富养生经验的老中医，自然也同意运动是养生的重要组成部分，但同时他指出，运动要"不使过度"，过则于养生不利。

邓老认为，运动分为外功与内功两大类，其中体操、跑步、外家拳术之类，重在使用外劲，属于外功；而五禽戏、太极拳、八段锦之类属内功。其中，内功用意不用力，以意为主，以意为引，以气运肢体，不偏不倚，不会伤气耗血，比较适合中老年人。

邓老日常健身，以八段锦为主，每天早上一套八段锦，没有特殊情况，是不会落下的。他说："八段锦作为我国古代导引术，其健身效果显著，是中华传统养生文化中的瑰宝。我每天都坚持做八段锦，不但强筋骨，且起到了调理脏腑功能的作用。"

八段锦是古代流传下来的一种气功功法，形成于12世纪，后来在历代流传中形成许多练法和风格各具特色的流派。它共由八节组成，再加上体势动作古朴高雅，故以"八段锦"为名。八段锦的体势有坐势和站势两种。坐势练法恬静，运动量小，适于起床前或睡觉前锻炼。站势运动量大，适于各种年龄、各种身体状况的人锻炼。

除此之外，邓老还建议中老年人采用散步健身的方法。他表示：中老年人还可选择每天散步30分钟，医学上也称之为"医疗步行"。60岁以上的人，每天散步两次，每次30~40分钟，对身体是非常有好处的。"每天午饭前，我都会围绕我住的楼房悠闲地散步10圈。"同时，邓老还指出，运动不单是体力的，也包括"脑力运动"，读书、看报纸，使脑筋"运动"；思考问题、写文章，脑部也可以"运动"。老年人不妨坚持写写日记，对预防老年痴呆有一定好处。

马三立："动静学乐"养生四法

马三立是我国著名相声艺术大师，他对艺术精益求精，一丝不苟，对养生保健也苦苦探索，并总结出一套完整的养生保健理论。他提出的"动、静、学、乐"养生四字法，值得我们学习和借鉴。

动——经常参加运动锻炼

马三立深知"生命在于运动"。他每天坚持做一遍自编的健身操，以活动筋骨；早晚坚持外出散步，从不间断。他还经常做家务，洗碗、扫地、浇花，样样都做，让自己的手足身体经常处于动态之中。他说：手足灵活，舞台动作才会丰富多彩。

静——动与静是辩证的统一

我国传统养生保健理论认为，动与静和阴与阳密切相关，养生保健要做到动静结合。动以保健形体，静以养心调神，动静兼行，相互为用，才能"形与神俱"达到健康长寿的目的。马三立通过运动促进气血畅通，精气流通，增强生命力，抵御病邪；他通过静，休息安静以调节身心，保存体内能量。马三立常闭门谢客，每天静坐两小时，让浑身放松，安心养神，充分休息。此外，他每天保证睡足八小时，睡眠是提高身体免疫机能的一个重要过程与保证，特别是中老年人，更需要有充足的睡眠时间。

学——充实学识开阔视野

大脑愈用愈灵敏，因为大脑接受外界信息刺激越多，脑细胞就越旺盛、发达，这种积极、有效的脑力运动，可使大脑衰退的进程延缓，并可预防老年痴呆症的发生。马三立认为，学无止境，要活到老、学到老、用到老，正是这种勤奋的学习精神，使他老而不衰。

乐——自寻乐趣快乐变老

自寻乐趣是马三立健康长寿的一个秘诀。随着人们年龄的增长，更要有乐观、开朗、豁达的心态。如果整天忧心忡忡，愁这愁那，遇到不愉快的事就大动肝火，必然违背了"平和"的养生原则，从而影响身心健康。马三立是个"乐天派"。50年代他被打成"右派"，批判、蹲牛棚都没有使他失去生活的信心。他拿得起，放得下，满不在乎，宠辱不惊。他曾说："养生之道不少，最重要的是心胸开朗，首先是不找气生，要自己消气。"

马寅初：健身是最好的长寿药

我国经济学泰斗马寅初，一生饱经风霜、坎坎坷坷，但他还是以健康长寿100岁高寿逝世。其长寿秘诀有四条：

第一，坚持锻炼。马寅初长期以来，一直坚持锻炼身体，不论刮风下雨，还是冰雪交加，从不放弃。他年轻时喜爱的运动很多，年纪大了，减少了一些项目，但总能持之以恒，从不懈怠。

第二，交换洗冷热水澡。马寅初家里的浴室，专门装了冷热水管，每天交替淋浴，可使血管一张一弛、热胀冷缩，保持血管弹性，这对维持血压正常，防止发生心血管疾病是大有好处。他通过交换洗冷热水澡，到了七八十岁时，血压还跟年轻人一样正常。

第三，多吃水果蔬菜。马寅初长期以来，一直喜欢吃新鲜蔬菜和水果。他还有一个习惯，就是每周两天以水果代餐。这个方法是比较独特的，其保健作用也是明显的。

第四，心胸开阔、无私无畏、开朗乐观。这一点，在马寅初身上是很突出的。无论是在重庆痛斥四大家族和蒋介石之流，还是在 20 世纪 50 年代为计划生育的观点论战之时，他的坦荡襟怀，敢怒敢言的性格，一直被后人称赞。

★ 健康箴言

◎琴棋书画经常练，身健脑灵助延年。

◎衣破早补补丁小，有病早治痛苦少。

◎运动好比灵芝草，何必苦把灵丹找。

◎笑口常开无忧无虑，平衡心态清心寡欲，人际交往不可偏离，聊天谈心大为有益！

◎身体怕不勤，病人怕太懒，枯坐催人老，运动能延年。

◎车靠加油增动力，人靠运动添活力，少时练就一身功，老来体健无病痛。

◎少肉多豆，少荤多素，少酒多茶，少盐多醋，要想身体健，食物要新鲜，喝开水，吃热菜，胃肠健康少病害！

◎仁者寿，乐者寿，平和者寿，大德必得其寿。

◎心不老则人难老，心一老则人亦老。

◎精神不老人会年轻，如松柏一样冬夏常青。

◎寿夭休论命，修行在个人。健康长寿掌握在自己手中。◎长寿秘诀是静心，心静则体安。自净其心延寿命，无求于物长精神。

◎怨生忧，怒折寿，恕增福。乐而忘忧，神安延寿。

◎欲寿，唯其乐；欲乐，莫过于善。旷达者长寿，忧伤足以致命。

◎人心足，处处福。平安是福，健康是寿。

◎人要长寿，注意节奏。乐则长寿，动则不衰。

◎劳其形者长寿，安其乐者短命。

◎长寿"三少诀"——口中言少，心中事少，腹中食少。

◎吃饭七成饱，穿戴当减少，耐点饥和寒，益寿又延年。

◎早饭吃好，午饭吃饱，晚饭吃少，一顿吃伤，十顿喝汤。

◎细粮四、粗粮六；主食四、副食六；荤菜四、素菜六；一把蔬菜一把豆，一个鸡蛋加点肉。

◎走路使人童颜常在，运动让人青春永驻。

◎要想身体健，走路手不闲；捶胸又敲背，揉腹又摩面；敲打两腿侧，伸指又握拳；挠头屈十指，揉眼把耳弹。

◎要活好，心别小，善制怒，寿无数。笑口开，病不来，心烦恼，病来了。

◎健康的十字路口，恶习是红灯，懒惰是黄灯，只有坚持锻炼才是绿灯。

◎一分一厘储蓄健康，零存整取益寿延年。

◎精神乐观身自强，独抱忧愁梦不香。

◎屋宽不如心宽，身安不如心安。

★ 保健小贴士

教你从头练到脚

练头脑　双手叉腰、双脚并拢、上下踮动，每天 30 分钟。

练脖子　1. 双手举起呈 "10 点 10 分" 状，每天大步走 200 步。2. 每天 "罚站"：身体靠墙，然后双脚向前 10 厘米，脚尖着地，头顶墙慢慢仰视，后背悬空，每天 20 分钟。3. 三掐：一掐后脖，二掐咽喉、三掐手腕。

练手肩　1. 双手呈一字形展开，手心向下，前后绕 20 圈，顺时针、逆时针各做一次，每天 80 圈。2. 双手握拳、五指展开，反复多次。

练胸肺　走路时昂首挺胸、深呼吸，4 步为一组，前 3 步尽量吸气，第 4 步时吐气，反复练习。

练心脏　甩开膀子大步走。其中男士手伸展开，迈大步。女士双手握拳，甩开时双肘过肩、握拳过头，手臂前后摆动。

练肠胃　双手叉腰，扭动腰肢，按摩肠胃。

练泌尿　迈开大步快速行走、双脚离地或单脚自由跳动。刷牙或候车时单脚翘起。男士小步跳跃，1 天 1 小时。女士提肛、双腿夹紧小幅度跳跃 40 分钟。

练膝盖　双手叉腰，双脚分开与肩同宽，屈膝 10 厘米，每天看电视时，小半蹲 20 分钟或全蹲 20 分钟。

练小腿　每天练蹲起或盘腿。

练脚腕　每天练习踮着脚走路、弹跳着走路。

强脊柱　站姿，两脚并起，脚后跟离地，双手手指用力张开，两臂平行从两耳侧向上用力伸，同时仰头。每天做三次，每次持续一分钟左右。这个方法也适用于儿童，能促进生长。

第九章
以静养生，为修身健康之需

中国传统养生法提倡"静养为摄生之首"。《黄帝内经》指出："得神者昌，失神者亡。"深刻指出了"神"是一切生命存亡之根本。故古今善养生者无不善于养神。何以养神？《素问·痹论》说："静则神藏，躁则消亡。"《素问·至真要大论》指出："清静则生化治，躁动则苛疾起。"《韩非子解老》曰："圣人之用神也静，静则少费。"这些论述均表明，以静养神，既可促进人体生理功能的正常化，有益于健康，又能少耗神气，抗病祛邪。

诸葛亮："淡泊明志，宁静致远"的养生哲理

说到"以静养生"的典范，不能不提到诸葛亮。在国人的心目中，诸葛亮神机妙算，是智慧的化身。人们在对他崇敬之余，也在琢磨诸葛亮为什么那么足智多谋。实际上，诸葛亮也并非是"神"，而是一位躬耕的布衣。读《诸葛亮全集》，豁然开朗，原来诸葛亮精于修性养生，而他的修性养生思想深寓在其论军事谋略和治军著作当中。《戒子篇》便是研究诸葛亮修性养生的一把钥匙。其中有两句千古传颂的名言："淡泊明志，宁静致远"，更道出了诸葛亮的养生玄机。

宁静致远　诸葛亮《戒子篇》讲："君子之行，静以养生，俭以养德。非淡泊无以明志，非宁静无以致远。"《戒子篇》既是教子，也是诸葛亮修性养生的经验总结。"淡泊明志"、"宁静致远"成了有识之士修性养生的格言及座右铭。诸葛亮修性养生并未讲具体修炼功法和操作之术，而是从修性养生理论高度上进行论述。要解"淡泊明志，宁静致远"，必须倒过来解，先解"宁静致远"方能入门深化。为什么呢？老子在《道德经》中讲："致虚极，守静笃"、"清静为天下正"。"宁静致远"，"宁静"绝不能孤立静止地理解。吕纯阳著《百字碑》讲："动静知宗祖。"世界上一切事物静是相对的，运动是绝对的。静极而动，阴极而阳，无极而太及。静到极点才能找到生命的本源，回归生命的根本，这是修性养生修道的必然规律，一切生命都在相对的动静中成长。

诸葛亮在《戒子篇》中开宗明义地讲："夫君子之行，静以养身"，在《举措第七》中讲："夫治国犹如治身，治身之道，务在养神……养神求生。"诸葛亮把"静以养生"延伸到"务在养神"，"静"与"神"两个字上。如再明确一点讲，即落实到人生，并强化人的实践行动和精神上理解。这就是深化到"静"与"动"的辩证哲理的高度上认识。道教有一部《清静经》讲："人能清静，天下贵之。人神将静，而心扰之，人心将静，而欲牵之。常能遗其欲而心自静，澄其心而神自清，与会其道……是为得道。"诸葛亮所讲的"宁静致远"就是要达到"气合其真"，"神依形生，精依气盈，不凋不残，松柏青青。"诸葛亮修性养生"务在养神"，"养神求生"，"神"与"生"即是强身祛疾，开慧增智，延年益寿的根本目的。要解诸葛亮"宁静致远"

一定要旁征博引，入手其内，方能出手其外，而真正弄明白"宁静致远"的玄妙哲理真谛，可读诸葛亮所论"宁静致远"理论之深邃也。

　　淡泊明志　　从历史文选中考查，"淡泊"出自《淮南子·主术训》。诸葛亮对"淡泊"也作过讲解："见利不贪，见色不淫。""淡泊明志"在孔孟儒家学说是讲："格物致知"。诸葛亮是儒道合一的典范，人文共融，修性养生，教化和学养合一的一代"智圣"。儒家经典《大学》中讲："格物致知"，"治国平天下"。诸葛亮的一生，为蜀国安邦兴国，躬行实践。诸葛亮"淡泊明志"思想在《将弊》中专门讲了八个方面："夫为将之道，有八弊焉：一曰，贪而无厌；二曰，妒贤嫉能；三曰，信谗好佞；四曰，料彼不自料；五曰，犹豫不自决；六曰，荒淫于酒色；七曰，奸诈而心怯；八曰，狡言而不以礼。"上列就是诸葛亮对"淡泊"的具体之解。他又在《将志》作了总结性的讲解："见利不贪，见美不淫，以身殉国，一意而已。"

　　诸葛亮讲："淡泊明志"与儒家所讲"格物致知"有异曲同工之妙。宋朝政治家、历史学家、文学家司马光在《资治通鉴》中将"格物"解为"格杀"，真是别有洞天。人生活在世界上，无时无刻都有"七情"、"六欲"之诱惑。这是产生贪痴和烦恼的根源，如一个人不能抗拒"物欲"诱惑，就不能做到"六根"清净。"六根"即眼、耳、鼻、舌、身、意。"六根"不清净就放不下"万缘"，"万缘"即"物欲"。"物欲"不"格杀"，清静光明，觉性不能显现。儒家学说讲："格物致知"，首先是"格物"，即"格杀""物欲"。《通书》讲："无欲则静虚动直。"

　　"淡泊"已作了多层次的论述，接下来再解"明志"。

"淡泊明志"单就字义而言，志向抱负的注家大有人在。但对诸葛亮"淡泊明志"从养生哲理角度这一层次上解"明志"，查遍文选凤毛麟角，可以"他山之石，可以攻玉"来解释诸葛亮"明志"之理论深层。鬼谷子论"养志"、"养志气"，在理解诸葛亮"淡泊明志"上能触类旁通。鬼谷子讲："养志则心通矣。""必先知其养志气，知人气盛衰，而养其志气，察其所安，以知其所能。志不养，心气不固，心气不固，则思虑不达；思虑不达，则志意不实，志意不实，则对应不猛；对应不猛则失志，而心志虚，失志而心虚，则丧其神矣。"《黄帝内经》讲"心主神明"。由此可见，志坚才能神旺。诸葛亮很明白这一点。他直言："治身之道，务在养神。""养神求生。"晚清有位八指头陀诗中讲："清明在躬，志气如神。"这八个字也可以说是对诸葛亮一生的总结。

诸葛亮所论"淡泊明志"、"宁静致远"最可贵的闪光点是落实到人的行动中去。诸葛亮解《阴符经》时讲："天性，人也，人心，机也，立天之道，以定人也"。在《治国第一》中讲："万物之事，非天不生，非地不长，非人不成。"诸葛亮修性养生并非是单纯为了延长寿命，享享清福，他是一位深知在躬行实践中充分发挥人的主观能动性的哲学智圣。北宋有位著名哲学家说："人生所贵有精神。"毛泽东讲："人要有一点精神！"诸葛亮勇于实践，临危授命，报效祖国，后在"五丈原"沙场上归天。与诸葛亮拼杀疆场的对手司马懿赞扬诸葛亮是"天下奇才也"，奇就奇在他的"明志"即高尚的精神。

入静，现代人亟需的沉淀过程

分析过诸葛亮的淡泊明志，宁静致远之精妙后，我们来谈谈入静对现代人保健养生有哪些好处以及"静以修身"的必要性。

有一位风雅敦厚的长者，在送给一个年轻人的条幅上写道："静气好修身，豁达为养心"。细细品味，深感意味深长。

当今社会，声色犬马，纷扰、困惑无处不在，年轻人若能以气定神闲来养心性，遇事淡定从容，比起那些追求急功近利和不择手段地争夺权利之人，寿命要长得多。

古人云："养生重在养心。""养心乃养生之道"。若要养好这颗"心"，不妨先从以下几方面入手：

心宽　"心宽"乃"宽容大度"。为人宽厚，待人宽容，对生活中的小事"大肚能容"，且能"让他三尺有何妨"，则会减少许多烦恼与困惑。

心善　心地善良者，大多豁达大度。按英国作家毛姆的说法，心善往往超过美丽，甚至胜过爱情。心善者，乐于助人；真心的人，德高才有望重，大善才有大美。这样的人，谁不景仰。

心怡　怡者乐也。人生在世，必须乐观向上，不可消极厌世，悲观失望。在遭遇痛苦之时，精神总是快乐的。这样的人坚信，没有比脚更长的路，没有比人更高的山。他们不以一时之得意而自得其志，更不以一时之失意而自堕其志，从而咬定青山，坚韧不拔。

心诚　待人做事须真诚、讲究诚信。倘若每天你提防我、我警惕你，互不信任、互相猜忌，你的精神将经受多大折磨？只要以诚待人，以心换心，就是人人为我，我为人人。

心静　静是安静、平静、宁静、清静。人若能真做到心静如水。则可积蓄生命能量。寂静能育良种，人静可致高远。心浮气躁，出不了成绩，干不了大事。

心纯　纯者真也。纯粹、纯真、纯净，一个人的"心纯"，是没有杂念，更没有邪念，如同出水沾露的月季芙蓉，犹如不沾纤尘的秋水文章，这样的"好心"才是真是的，其外表也必定是美丽的。

唐代名医孙思邈写过一首诗，其中有两句是："心诚意正思虑除，顺理修身去烦恼。"看似说保养，实则讲修养也。养心乃养生之内核，认真养心，不仅能益寿延年，更能陶冶性情，文明精神。

生活里有些人整日喋喋不休，看起来似乎精力充沛，但他们也常常脸黄气虚，不说闲话就觉得压抑、索然无趣，无精打采。这些人的心理状态多少有些失衡，虽不是大病，但却有悖于养生之道。

首先，说话并不是简单的嘴巴运动，而是神经、呼吸等系统复杂的生理、心理活动过程。闲话过度对大脑和神经系统是个沉重的负担，会消耗人体大量能量，连续说话甚至比中等体力劳动更累人，说话过久，人会有精疲力竭的感觉，经常如此还会影响健康。相反，如果人们能够安静些，有话则长无话则短，减少不必要的消耗，对健康会大有裨益。

其次，少说话多保持沉默，可使人精神放松，改变体内生理生化状态，使呼吸与心跳变慢，肌肉紧张程度和耗氧量下降，同时降低血脂。研究发现，静默时人会产生"意识的变形"，从而降低自身血压。

再次，说闲话较多的人，大脑语言中枢时常处于亢奋状态，眼睛、耳朵以及其他器官的利用率就要相应降低，冷眼观察和静心思考的时间也会相对减少。而宁静的环境恰恰是产生深邃理论和独到见解的摇篮。

所以中外保健学都强调适度"静以修身"，在沉静中修身养性，人易于成熟，心理上也更健康。

以静养生是最好的补品

"以静养生"是中国传统养生学的根本指导思想。"以静养生"的理论认为，保持精神状态的宁静祥和，维护身体健康是第一位的事情，体育运动与滋补品等是第二位的事情。二十世纪以前的中国人，几乎都是用"以静养生"的理论来指导自己的养生实践。几千年来，奉行"以静养生"的中国人，大都取得了健康长寿的养生效果。

"以静养生"的理论产生于春秋战国时代，那时的先哲特别是道家，极为重视"以静养生"。老子说："致虚极，守静笃"，"清静为天下正"。《黄帝内经》更明确地说："恬淡虚无，真气从之，精神内守，病安从来"。老子与《黄帝内经》的著者从千百万人的养生实践中认识到，静对于养生是头等重要的大事，从而认识到，人只要能以一种"恬淡虚无"的胸怀来对待名利得失，并将向外追逐的精神收回来，用于关照自己的身心，就能够维护自身健康，不易受到疾病侵害。晋代嵇康在"以静养生"理论的指导下，比较系统地论述了静养对于养生的重要性，他在著名的

《养生论》中写道："精神之于形骸，犹国之有君也。神躁于中，而形丧于外，犹君昏于上，国乱于下也"。嵇康的这段话将人的精神比作一国之君，而将人的身体比作国家，认为只有一国之君的精神时常保持宁静，作为国家的身体才能始终保持健康，如一国之君的精神常处于躁动之中，那人的身体健康必然要受到损害，所以养生最重要的环节是时常保持自己心神的宁静与祥和。

历代善于养生的文人雅士认为，一个人如果保持恬淡、宁静、乐观、豁达，就能心情轻松，延年益寿。"莫言名与利，名利是身仇"，这句话就是提倡以静养生。东晋诗人陶渊明推崇以静养生，他在《结庐在人境》有诗云："结庐在人境，而无车马喧。问君何能尔？心远地自偏。采菊东篱下，悠然见南山。山气日夕佳，飞鸟相与还。此中有真意，欲辨已忘言。"这是一首以静养生的诗歌，境与意会，物与心融，实乃妙不可言。苏东坡熟谙以静养生之道，极力推崇静坐养生之法，他在海南儋县建一"息轩"，并题诗云："无事此静坐，一日是两日。若活七十年，便是百四十。"南朝道家代表之一陶弘景对"静养"之术也有类似总结。他认为，时常保持精神宁静祥和，对养生是十分重要的事情。在《养性延命录》中，他写道："真人曰，虽常服药物，不知养性之术，亦难以长生也。"修养心性的功夫就是陶弘景所讲的养性之术。道家的这些论述明确指出了修养自己的心性，使之能不受或少受外界各种不良因素的干扰，就能以一种豁达开朗、宁静祥和的心态去面对生活，而这种良好的精神状态则能产生长寿效果。

医学研究发现，"以静养生"是健康长寿很重要的一条。卫生部首席健康教育专家洪昭光教授说，他在北京调查了很多高龄健康老人，这些老人的健康长寿并不是吃得多好或钱有多少。他们当中，有的早睡早起，有的晚睡晚起，有的不吃肉，有的专吃肥肉，有的不抽烟，有的爱抽烟，有的爱喝浓茶，有的不喝茶，生活方式五花八门，但有一点是共同的，他们心地善良、性格随和、心胸开阔，没有一个是心胸狭隘、脾气暴躁、鼠肚鸡肠、钻牛角尖之人。用一句话概括，这些高寿老人都是心态平和之人。从中国传统养生学角度来看，可以认为，这些健康老人都是自觉或不自觉地奉行"以静养生"之人。

要实现"以静养生"，首先要改变自己的人生观，使自己能够从一个较超越的角度来看待人生的得失、恩怨，能够认识到名利得失、恩恩怨怨都是身外之物，身外之事与自己生命的健康长寿相比是微不足道的事情，生活中人与人之间的一些小摩擦、小矛盾更不值得计较。对于正在为生计而奔波的中青年人，要他们抛弃名利得失、恩怨纠缠是很困难的，但为了珍惜自己的生命与健康，将名利得失、恩怨纠缠看淡一些，是可以做到的。离退休的老年人，应该认识到，自己的身心健康才是头等大事，名利恩怨都是身外之物，纠缠这些东西，只会损害自己的身心健康。

"静"是练出来的

静是一种定力，自然需要练。静心为主，静目、静耳为辅，是"静养功"的核心内容。

静心　或坐、或站、或躺，让自己的全身都放松下来。微微闭眼，缓慢呼吸。体会一口气从鼻子进入身体，然后沿身体中线，逐渐下沉，到肚脐附近，再缓慢吐出这口气。

这样一个循环，就是气沉丹田。如此反复，练习 5～10 分钟，就能达到宁心静神之效果。如果精神实在难以集中，可在慢呼吸时，想一些美好的事情，此举有助于达到忘我的境界。

静目　静目不是不看，而是有选择地看一幅优美的画，可帮您达到清净之目的。比如，白天劳累了一天，回家后要抽出一定的时间，让自己放松下来，静静地看会儿书。也可以买一个鱼缸养几条热带鱼，观赏鱼在水中的游弋和嬉戏，同样有静目养神之功效。

静耳　静耳不是不听，而是选择一些优美舒缓的音乐来听。比如，一个人夜深人静时，可以把《小夜曲》调低声音，听着它，白天的不良情绪就会慢慢缓解，让人感到宁静，这也是身体放松的表现之一。

此外，钓鱼也是一种静养的功夫。垂钓时需要心情平静和环境宁静，对高血压、神经衰弱等疾病都有很好的辅助治疗作用，正所谓："湖边垂钓胜药补，养心养性病邪除。"

需提醒的是，不论怎样"静养"，都不能长时间让身体维持在一个状态。所以在练习"静养功"时，可做些动作舒缓的运动，如瑜珈、太极，看似没动的站桩功，都是外静内动，算得上是静养生的更高境界。

静心养生方法

静心养生的精髓是静神。宋金时代河间学派的创始人刘完素也强调说："心乱则百病生，心静则万病悉去"。

静心养生，必须防微杜渐。因为心神的损伤，大多由微而甚，积渐而成，所以《事林广记·防患补益》告诫说："居安虑危，防未萌也"，切不可"以小恶为无害而不去"。稽康在《养生论》中曾批评"世常谓一怒不足以侵性，一哀不足以伤身，轻而肆之"的错误态度，强调要"悟生理之易失，知一过之害"，应随时注意"修性以保神，安心以全身"。

千百年来，我们的祖先积累了许许多多静心养生的方法，这些方法大体可分为两类：一类是通过形体或心理的操练，另一类是通过食疗或药物的辨证调和。

这里所介绍的几种静心养生法是在继承发扬历代儒家、道家、佛禅以及中医学有关清心养生传统的基础上，借鉴国外心理学的研究成果，经过数十年的临床实践，创立的一套简单易学而又卓有成效的静心养生的方法。

视觉松弛法　视觉松弛法是通过心理想象去描绘身体各部分的图像。当我们通过任何一种神经器官"看"到什么东西时，我们的脑子里便立刻描绘出能引起某些记忆的画面来。每次我们体会到什么时，我们的身体和脑子便回忆起某种曾经发生过的变化。

为了阐明大脑想象的图画与身体活动的相互关系，我们不妨来做这样一个小实验：将一个小圆石或圆锥形物体系在细线的一端，用食指和大拇指抓住细线的另一端，让重物自由旋转；然后保持手和手臂的平衡，再闭上眼睛，努力想象你在不断转动物体，且重物随着顺时针方向不断旋转的图像；一分钟之后，睁开眼睛朝下看，看旋摆物如何摆动。实验结果，旋摆物往往像你所想象的画面一样，随着顺时针的方向不断旋转。这说明想象中的情形影响到手，成为手中的微型动作。

就像我们有能力用图画创造运动一样，我们也能用画面创造松弛的心境。当我们完全意识到脑海中对某个体会动作和事件有清楚印记时，我们也就有可能刺激整个身体去回想这一经历过的事情或感情。当我们重又想起害怕或使人气愤的事儿时，我们的心脏就像当初处理这件事时一样激动。同样，当我们回忆起积极、放松的时刻，我们也可能重新使身体各部回到当初的那种松弛舒适的心境中去。

用画面松弛身体的过程简单易行，即假设一个舒服的姿势，闭上双眼，在脑海中想象一个让你真正觉得放松、恬静、愉快的姿势。在这个画面里，注意观察发生的情形、四周的色调、静寂的气氛以及清馨的空气；注意你所熟悉的东西的形状，注意任何变动，即让你自己在这种情形中回想积极的感觉，从回想中获得乐趣，以及通过心灵的眼睛看到了什么。

静坐养生法　我从养生实践中体会到，庄子的坐忘功也是一种较好的修养心性方法。我们将其简称为静坐功。静坐功的练法是：首先，端坐下来（可自然坐在床上，也可垂腿坐在椅子上，两手自然放置两腿上或在腹前轻握），使自己的心宁静下来，双眼微闭，意念微守，下沉丹田，然后凝神聆听自己的呼吸，此时如有杂念产生，不必理会它，继续凝神聆听自己的呼吸，慢慢地进入宁静的境界。每天用半小时到一小时练习静坐功，您会收到意想不到的效果。

静坐养生法，是古代养生家留给后人修身养性的重要方法。静坐能使我们散乱的心思逐步归于平静随和，心定则气和，气和则血顺。练习静坐，必须要调身、调息、调心。调身，即静坐时的姿态。静坐时，应在安静的房间里，或褥上或蒲团上，两腿盘起，然后舌抵上颚，双眼微闭或微开一线，全身放松，意守脐下丹田处，自然安稳地端正而坐。调息，就是呼吸要达到由粗而细、由刚而柔、由疾而缓、由浅而深的境界，这是习练静功时的一项重要功夫。静坐时，除非用鼻子呼吸有困难或有鼻腔疾病，否则不可用口来呼吸。正确的调息方式是能够帮助我们进入静坐的境界。因此，呼吸的深浅和情绪上的喜怒哀乐有着直接关系。每当我们感到愤怒、高兴或心情紧张、害怕时，我们的呼吸都会变得粗重、急促起来。相反，若我们能够调节呼吸节奏，在遇到紧急事件时，做个深呼吸，就能使我们的意念舒缓、平静下来。调息法以"慢"为重点。当吸气时，要吸得深；呼气时，要慢慢地呼出来。呼吸时尽量做到稳定，不要一下子快一下子慢，一下子粗一下子细。尽量做到柔和，要平均、细长。吸到丹田时，要稍微屏住气，这样才会供给身体各器官营养，当然也不能屏气太久，将脸涨至血红，反而会使气血冲顶、眼压上升。调心，即心安。实际上，调心是整个静坐的重点，调心属于意识上最重要的一环，教我们如何排除杂念，进入静坐的境界。开始学习静坐时，要尽量放松身体，以平常心、无所求的心，没有分别的心，不执著的心来学习静坐，才容易入定。相反，如存有执著心，一味想着如何入定，反而不能入定。在静坐中，"心"的状态先是专注，接着会散乱，然后再专注，跟着又散乱，这种情况会一直交替出现，而这里所说的"专注"，是一种完全没有压力，自然情况下所产生的。时间久了，静坐专注的时候会越来越多，散乱的情绪会来越少，慢慢就会进入忘我的境界。

　　嘘呼吐故法　嘘呼吐故法是由六字气诀简化而来。

　　"六字气诀"兴起于晋唐，普及于宋元，是历代养生大家和医学名家极力推崇的养生防病最佳方法。唐代著名医学家孙思邈在《孙真人卫生歌》中写道："……世人欲识卫生歌，喜乐有常嗔怒少。心诚意正思虑除，顺理修身去烦恼。春嘘明目夏呵心。秋呬冬吹肺肾宁。四季常呼脾化食，三焦嘻出热难停。发宜多梳气宜炼，齿宜数叩津宜咽……"

　　孙思邈极力主张以调气法养生防病。有关六字气诀的操习事宜，他在《千金要方·调气法》中写道："凡调气之法，夜半后，日中前，气生得调，日中后，夜半前，气死不得调。调气之时则仰卧，床铺厚软，枕高下共身平，舒手展脚，两手握大拇指节，去身四五寸，两脚相去四五寸，数数叩齿，饮玉浆，引气从鼻入腹，足则停止，有力更取，久住，气闷，从口细细吐出，尽，还从鼻细细引入，出气一准前法。闭口以心中数数，令耳不闻；恐有误乱，兼以手下筹。能至千，则去仙不远矣。若天阴雾霾、恶风猛寒，勿取气也，闭之。若患寒热及卒患痈疽，不问日中，疾患未发前一食间即调，如其不得好差，明日依式更调之。若患心病，气即呼出；若热病，气即吹出；若肺病，即嘘出；若肝病，即呵出；若脾病，即嘻出；若肾病，即呬出。夜半后八十一，鸡鸣七十二，平旦六十三，日出五十四，辰时四十五，巳时三十六。欲作此法，先左右导引三百六十遍。"

　　孙思邈认为，练习"六字气诀"的最佳时间是夜半之后，日中之前，因为这段时间练习气生得调，效果最佳。若在日中之后，夜半之前练习，因气消不得调，效果就不好。"六字气诀"操习有立式和卧式之分，孙氏"六字气诀"取卧式，即以舒适的姿势仰卧于床。床铺厚软，枕高适宜。双臂自然伸直，两手四指轻握大拇指节，放于离身10～15cm处。下肢舒伸，两脚分开与肩同宽。"六字气诀"的呼吸法一律采用顺腹式呼吸，即吸气时腹部自然隆起，呼气时腹部自然放松。吸气时两唇轻闭，舌抵上腭，用鼻吸入清新之气，用力吸足后则停止，将气停闭在胸肺中暂不呼出，心中默数一、二、三、四……待略感气闷，再从口慢慢将气呼出，吐尽后以鼻吸气，反复数次。

孙思邈指出，"六字气诀"因人因时而异：若患心病，将气呼出；若患热病，将气吹出；若是肺病，将气嘘出；若是肝病，将气呵出；若是脾病，将气嘻出；若为肾病，则将气呬出。夜半后练，八十一遍；鸡鸣时练，七十二遍；天刚亮练，六十三遍；7～9点练，四十五遍；9～11点练，三十六遍。

孙思邈又说，以上所说并非一成不变，若患寒热病或初染毒疮，则不受日中之后的限制，可在病未发前半小时练习六字诀。如一次不见效，第二天可继续练习。比如说，某些因肝盛血热引起的头痛常在傍晚7点左右发作，则可在下午6点练习"六字气诀"。坚持数日，必有疗效。

身心松弛，情绪调节，静心养生以嘘、呼二字吐故即可。嘘属肝，嘘字吐故，去肝热，解烦怒；呼属脾，呼字吐故，化脾湿，解忧郁。

具体方法如下：首先自然站立，双脚与肩同宽，两膝放松似屈非屈，松腰塌胯，含胸拔背，沉肩坠肘，平目而视，并逐步进入微微绵软的状态。

本功法一律采用顺腹式呼吸，即吸气时腹部自然隆起，呼气时腹部自然凹收。练习时先吐后纳，以念字为吐，呼气尽。呼气时，开口读字，并用提肚收腹缩肾之力压出各脏腑之浊气。初练时，为了调整口型，可大声读出，待口型熟练能调动内气时，再呼气读字诀，吐气微微，不使耳闻，将浊气全部吐尽，则两唇轻闭，舌抵上腭，用鼻吸入清新之气。吸气尽可用一个短呼吸，稍事休息，再做第二次呼气读字。

嘘呼吐故法练习，既可采用站式，亦可采用坐式、或卧式，甚至行走时也可练习。无论何时何地，一旦你感到心烦或不安，即刻以嘘字吐故，操习此功法，片刻即可去烦心静。不妨试试，以形成习惯。

动静结合　辨证互补

"生命在于运动"是一种"以动养生"的养生观，并被大多数人所奉行。以至于人们一讲养生，首先想到的就是运动，于是兴起了爬山热、跑步热、做操热、跳舞热……几乎很少有人想到，古人还给我们留下了一份"以静养生"的养生瑰宝。

奉行"以动养生"的人认为，"生命在于运动"是颠扑不破的真理，完全排斥"以静养生"的传统养生学。其实，动与静如同一枚硬币的两面，不能只讲动不讲静，也不能只讲静不讲动，单独强调哪一方面都是片面的。"生命在于运动"养生理论的根本缺陷是它完全忽视了静对于养生的重要性，而中国的"以静养生"的传统养生学，虽然将静摆在第一位，但是并不反对动。它只是认为，养生的主要方面应该是心性的修养，通过心性修养，改变自己的世界观，使自己能够摆脱名利恩怨羁绊，从而使心境能常处于一种宁静祥和的状态，第二位是适当的体育运动及服用必要的药物与营养品。因此，我们有足够的理由认为，以静为主，动静兼顾的中国"以静养生"的传统养生学，较只强调动的西方"生命在于运动"的养生学更全面，更符合现代身心医学的成果，因此能够得到更好的养生效果。

"身要动心要静"是修身养生的一大法宝，也是传承了千百年的古训。所谓动静结合，才是养生之良方。

静以养神　神清意平

《素问·灵兰秘典论》说："主明则下安，以此养生则寿，主不明则十二官危，以此养生则殃。"由于神对形起着主宰作用，因此，我国历代养生家十分重视神与人体健康的关系，认为神气清静，可致健康长寿。如《文子》所说："太上养神，其次养形。神清意平，百节皆宁，养生之本也。肥肌肤，充腹肠，开嗜欲，养生之末也。"《素问·痹论》指出："静者神藏，躁者消亡"，由于"神"有任万物而理万机的作用，常处于易动难静的状态，故清静养神显得特别重要。正如《医述》所说："欲延生者，心神宜恬静而无躁扰。"静以养神，传统养生学称为守神。《老子》提出一个命题："静为躁君"，主张"至虚极，守静笃"，即要求尽量排除杂念，以"至虚"与"守静"的功夫，达到心境空明宁静的境界。《内经》从医学角度提出了"恬淡虚无"的摄生防病思想。后世很多养生家对"去欲"以养心神的认识，无论在理论上和方法上都有深化和发展。三国的嵇康，唐代的孙思邈，明代的万全等都有精辟的论述。

心神之静，不是提倡饱食终日，无所用心，而是指精神专一、摒除杂念、心无妄用。清代的曹庭栋在总结前人静养思想的基础上，提出"心不可无所用，非必如槁木，如死灰，方为养生之道。""静时固戒动，动而不妄动，亦静也。"正常用心，能"思索生知"，对强神健脑会大有益处；若心动太过，精血俱耗，神气失养而不内守，则可引起脏腑和机体的病变。静神养生的方法也是多方面的，如少私寡欲、调摄情志、顺应四时、常练静功等。

　　中医传统养生文化的核心思想可概括为"以静养生"。其中，又集中体现在减少意识活动上："养生以调神为主，调神以不用神为主。""不用神"包括"戒贪"、"顺其自然"。如：严天放认为："'以静养生'是中国传统养生学的根本指导思想。"《列子》云："静神灭想，生之道也。"《庄子》言："目无所见，耳无所闻，心无所知，汝神将守形，形乃长生。"《道德经》说："夫物芸芸，各复归根，归根曰静，是谓复命。"孟子称："养心莫善于寡欲。"《淮南子》说："静漠恬淡，所以养性也。"嵇康在《养生论》中强调："清虚静泰，少私寡欲"，把"名利不灭"、"喜怒不除"、"声色不去"、"滋味不绝"、"神虑转发"视为养生的五难。《素问·上古天真论》云："恬淡虚无，真气从之，精神内守，病安从来。"葛洪在《抱朴子》中说："内心澄则真神守其位，气内定则邪物去其身……恬淡自守，则身形安静，灾害不干……养生之理尽于此矣。"南北朝时代，陶弘景辑录了六朝以前的养生经验，编成《养性延命录》，说："静者寿，躁者夭。"

　　先人的养生智慧提醒我们：修养自己的心性，少受外界各种不良因素的干扰，经常以一种豁达开朗、宁静祥和的心态去面对生活，并保持良好的精神状态，就能够产生巨大的养生效果。

★ 名人养生谈

范朝利：高寿是修来的，不是求来的

范朝利（1914～2012年），河南省新县人，1930年参加中国工农红军，同年加入中国共产党；土地革命战争时期，参加了鄂豫皖历次反"围剿"、川陕苏区反"围攻"等战役战斗，参加长征；抗日战争时期，他历任团参谋长、旅参谋长、纵队参谋长、冀南军区参谋长等职，参加了夜袭阳明堡、百团大战等战役；解放战争时期，他历任纵队副司令员兼参谋长等职，参加了淮海、渡江等战役；新中国成立后，他历任川南军区副司令员、军长、济南军区副司令员等职，是中共十二届中纪委委员，第四、五届全国人大代表；1955年被授予中将军衔。

在老部下潘德田的印象中，范将军有三个特点：

严格要求，一丝不苟

潘德田回忆："1958年初，时任军区副司令员的范朝利将军率军区工作组，来到201师602团检查一连二排山地进攻实弹射击演习。我当时是连指导员。演习开始，当排长指挥全排进攻时，队形密集，易遭敌火力杀伤，范将军令排长停止前进，让他指挥全排重做两遍；当机枪射手射击完毕换弹夹时，副射手动作慢，射手回头要弹夹，范将军又命令排长，指挥战士把错误动作纠正过来；副射手接过空弹夹，装进袋里，没扣扣子，范将军让他把扣子扣上再前进。一位高级将领，能发现出这些细小的错误动作，这对我也是一次深刻教育。"

平易近人，和蔼可亲

无论是参加班务会、还是支部会，范将军每次都是提前 5 分钟到达会场，时间观念非常强；他能让干部战士说心里话，从不打断别人的发言。休息时他与战士拉家常，有的小战士还把未婚妻来信中双方相互鼓励的话讲给副司令员听。

拒收礼物，廉洁楷模

为表达敬意，检查结束后，战士们将自己种的花生精选了一麻袋，送给范将军及工作组的同志，可首长们说什么也不拿。在装车时，战士往上装，工作组就下令就往下卸，折腾了半个多小时。他们想了个"绝招"，把花生装到面包车上，开车就走，车跑出五六十米处停下，将麻袋推下车，热情地招招手走了。

宽以待人，严于律己

这不仅是范将军的做人原则，也是他得以长寿的秘诀之一。他常说："高寿是修来的，不是求来的。"而他修身养性的另外一个秘诀就是：以静养生，既要心态平和、宁静，又要环境安静、祥和，二者合一不被外界干扰。所以80 岁之后，范将军便很少出门，一来是能避免纷扰吵杂之声扰乱心思，二来也免得给别人找麻烦。他认为，如今的人们，正处在把健康变卖给时间和压力，适时"刹车"是为了走得更远。静是一种节能养生，静养生是生命的节能养生，节能养生是为了维护生命的阴阳平衡，将力量用在刀刃上。要学会忙里偷闲和闹中取静。沉着冷静，用理智可以控制冲动。更何况，能安居处静，就少有忧愁，能勤俭度日，便少有麻烦。

当然，有动必有静，动静结合才是养生精髓，范将军深谙此道，因此，他在家里也并不闲着，打打麻将、读书看报、含饴弄孙，颐养天年。无论走也好，坐也罢，都使自己的思想和感情进入超然的状态，不受外界影响。

也正是这种"静"力，让老将军可以平和地面对压力，心灵得以净化和休息，"以不变应万变"的静养，为他修来长寿安康。

杨绛：安静写作　平静度日

杨绛，本名杨季康，生于1911年7月17日。留学回国后，曾在清华大学任教，1949年后，在中国社科院文学研究所、外国文学研究所工作。其主要文学作品有《洗澡》、《干校六记》、《堂吉诃德》等作品和译著，2003年出版了回忆一家三口数十年风雨历程的《我们仨》，96岁时成书《走到人生边上》。

据钱钟书的堂弟钱钟鲁介绍，杨绛对名利没有任何追求，更不善交际应酬，就想安安静静写作，平平淡淡度日。杨绛认为，低调是自然而然的事，对待自己的作品，亦是如此。有一年，她的新著出版，出版社有意请她召开作品研讨会。杨绛坦陈："我把稿子交出去了，剩下怎么卖书的事情，就不是我该管的了。读过我书的人都可以提意见的。"于是便谢绝了出版社的邀请。

"简朴的生活、高贵的灵魂是人生的至高境界。"这是杨绛非常喜欢的名言。在许多朋友眼里，杨绛生活俭朴，她的寓所没有进行过任何装修，室内虽无昂贵的摆设，却有浓浓的书香。杨绛说："我家没有书房，只有一间起居室兼工作室，也充客厅，但每间屋子里都有书柜、书桌，所以随处都是书房。"她非常满足于这样简朴的生活方式。

由于老人自己下楼有困难，每天就在房间里锻炼身体。她往往要到凌晨才休息，早晨 6 点多就会起来，吃完午饭后再睡午觉，每天都坚持读书写作。

对文化的信仰、对人性的信赖，使杨绛保持着一种达观的人生态度。杨绛表示，自己当下最重要的事，就是整理钱钟书的手稿文集。低调处世的原则，潜心学术的态度，让杨绛一直是中国文化的醒目符号。

面对人生百年，杨绛先生说："我今年 100 岁了，已经走到了人生的边缘，我无法确知自己还能往前走多远，因为寿命是不由自主的，但我很清楚我快'回家'了。我得洗净这 100 年沾染的污秽才能回家。我没有'登泰山而小天下'之感，只是在自己的小天地里过着平静的生活。"这就是杨绛先生对自己养生之道的总结。

郭沫若：静坐养生　治病强身

郭沫若是我国著名的文学家、历史学家、古文字学家和社会活动家。这位文坛巨匠年幼时曾得过一场大病，青年时期留学日本时又患过伤寒，身体素质并不好，但郭老却活到了 87 岁高寿，其养生秘诀是什么呢？

听他身边的人讲，郭老有个静坐健身的习惯，且常年坚持。也许正是这原因让他能够延年益寿。郭沫若在日本留学时因用脑过度，曾一度患上了严重的神经衰弱症，他经常感觉心悸、乏力、失眠多梦，每晚只能睡两三个小时，记忆力不断衰退。各种病痛的折磨令他非常痛苦。后来，他偶然看到一部明代大理学家王阳明的书，读到了王阳明先生采用静坐的方法来进行养病健身的故事，从那时起，郭沫若便尝试这种方法，每天晨起后和临睡前都进行静坐，每次静坐 30 分钟，还要阅读 10 页书。没想到，不到半个月的时间，神奇的事情发生了——郭沫若的睡眠状况得到明显改善，睡眠变得香甜了，做梦的情况也少了很多，日常饮食也得到了恢复，骑马时也不会感觉到累。

赵大年：静中养生乐中泰然

因一部脍炙人口的《皇城根儿》而享誉中国的著名作家赵大年，是一位与糖尿病"斗争"了 17 年之久的患者。曾创下一年出 4 本书纪录的他，虽自嘲是"老牛破车"，但深谙养生玄机，至今精神矍铄，绝无龙钟老态。

赵老步履稳健，面色红润，精神矍铄，说起话来京味十足，其诙谐幽默的语言风格展现着文学大师的风采，闻听者如沐春风。

赵老是典型的苦孩子出身，用他自己的话说：6 岁沦为难民，14 岁举家流离失所，吃过草根树皮，住过山洞窑坑，在"文革"中多次"挨整"。因为相信能吃是福，爱吃的他，不久就被糖尿病"瞄"上了。

钓鱼——以静制动

赵老是个好静之人，他说作家就应"坐"着，费体力、动静大的活动，他都不喜欢。得了糖尿病后，自觉应该注意身体，便听人劝，准备参加一项既能强身健体，又不用出大力流大汗，还外带能修身养性的运动。这想法一出，他立刻就确定了钓鱼。恰好此时有人热心组织，于是，赵老便同著名作家苏叔阳、陈建功等文朋墨友作了"垂钓同学"。如今的赵老是首都名人垂钓俱乐部的成员，为了钓鱼，他的足迹几乎遍及京郊所有能垂钓的地方。

赵老说：钓鱼讲究一个"**静**"字。心静可以放松思想，集中精神，耐心地去等鱼儿上钩，人就处于一种忘我的状态。静，是钓手的首要心境，**脾**气急躁的人在垂钓中心情会逐渐沉静下来。垂钓者从**充满**尘烟、噪音的城市来到环境幽静的水域，就会有心情愉悦、头脑清醒、心旷神怡之感。垂钓时直视浮漂，全神贯注，又能使人迅速进入"放松人静、恬淡虚无、安闲清**静**"的状态，可以松弛身心，陶冶性情，对于长期从事脑力劳动或年老体弱的人，可谓益莫大焉。

美食——痛苦的割舍

身为医生的老伴，为了管住赵大年的嘴，真是煞费苦心。让赵老通读《内科学》，背《胆固醇表》就是比较成功的"杀手锏"。面对记者，赵老非常专业地背起了《胆固醇表》："按每 100 克食物胆固醇含量来讲，含胆固醇比较高的是牛脑含 2670 毫克，我爱吃的肥肉含 107 毫克，平常吃的鸡蛋黄含 1705 毫克，带鱼含 97 毫克……不含胆固醇的是蔬菜和水果。"看来为了身体健康，赵老还真是下了一番工夫的。

过去赵老爱吃肥肉，他认为"肥肉能润滑骨关节"，自有其妙处。自从查出了糖尿病，夫人就对他每日三餐的菜谱下手了，先是将他最爱吃的梅菜扣肉换成了红烧排骨，经过一段时间，又将红烧排骨调换成滑熘里脊，最后每天只吃几片肉。另外还制订了"高级"菜谱：黄金塔（窝窝头）、苦荞麦、豆腐炖白菜、炒苦瓜、黄瓜和木耳等。有 17 年糖尿病史的赵老，除了有轻度高血压外，其他都还不错。

此外，赵老从不吃补药。他认为，人吃五谷杂粮、鸡鸭鱼肉、瓜果蔬菜，营养摄入应已很完善，没必要再吃人参等补品来补充。在总量控制的情况下，应该尽量吃得杂、吃得广，这样才能保证摄入均衡营养。

养生——人贵在通达

赵老说："人老了，更理解'人贵在通达'的意思。譬如挤公交车，我挤不上去就等下一趟，第二趟还上不去，我不坐了还不成！有句民谚叫'七十三、八十四，阎王不叫自进去'。我不信，我觉得'九十五、一百六，战胜疾病能长寿！'"

"我打小就是个'记吃不记打'的孩子。虽然6岁就离开了北京，但冰糖葫芦、栗子面的小窝窝头、豌豆黄、驴打滚儿，那么多好吃的，什么滋味儿，至今仍记得一清二楚。"这是赵老说过的一段话。正是由于这种"记吃不记打，好了伤疤忘了痛，没痛完就把伤疤给揭了"的性格，赵老始终高步阔视，笑看人间百态。

赵老总结出自己的养生秘诀，是"正、静、松"调整法：举止端正，为人心正，办事公正；闹中取静，以静制动，静思己过；放松身体，轻松精神。

细细品来，确能悟出不少养生哲学。

陈铎：身动心静会知足

一头雪白的银发，一副深沉淳厚的嗓音……陈铎，这位架着方形眼镜、举止闲适却又透出青春活力的老人，作为央视建台时期的元老，一辈子没换过地儿，干工作服从组织安排。不争功、不埋怨、不伸手，是他的性格，也是他对自己的要求。"我以前三代六口住 16 平方米，住了好多年，刚开始还觉得不错呢。快退休了，我也变成俗人，打报告，看房，89 平方米，我觉得上天了，宁肯要最高的 7 层，没电梯，多一个阁楼，乐得屁颠儿屁颠儿的。"

言及养生话题，陈铎说，养生贵在养心，良好的心态体现在"三个快乐"——知足常乐，自得其乐，助人为乐。人生最大的快乐是助人，帮助人的过程，可以净化灵魂，升华人格。同时，还要定准自己的坐标，摆正自己的位置，用两分法看问题，这样能够发现自身的长处，自然就会知足了。

为了屏幕上的形象，他特别注重饮食调配，多吃新鲜爽口的蔬菜、瓜果和富含蛋白质的食物。对生冷食品，他特别小心，以免患肠道传染病。还有就是保证体内有足够水分，（喝凉开水、绿豆汤、酸梅汤、茶水等）。他习惯早起空腹喝杯凉开水，白天再喝三杯水。没有水分，大脑的活力就会降低，容易疲劳。但他从不喝汽水和含咖啡因的饮料。

陈铎能动能静，喜欢打篮球、羽毛球、网球、乒乓球、游泳，而且还是个摄影迷。他在运动时会随身带个计步器，根据计步器的数据来调整自己的运动量。通过心跳频率来控制运动，科学锻炼，使陈铎始终保持一颗年轻人的心脏，保持年轻的活力。

天冷的时候，陈铎就在室内扔飞盘。就是这么简单的健康信条，让陈铎始终保持着健康的体魄，他走遍了祖国的名山大川，饱览了世界的无数美景，而且还拍摄了许多经典的作品。

有时在书房里，陈铎能待上几个小时不出来，有时候还能听到他哼着小曲儿。令他陶醉其中的就是这些底片、照片、幻灯片。摄影甚至能使陈铎进入忘我的境界。每当此时，好动的陈铎会变得极其安静。

★健康箴言

◎静坐养神，活动养身，读书养智，勤俭养德，少食养体，宽厚养福，寡言养气，临池养性，诚朴养品，仁慈养寿。

◎不急躁——宁静致远，忍耐是福；不发怒——心平气和，庄敬自强；不压抑——自解自劝，正当发泄；不幻想——把握现实，努力不懈。

◎散步好，散步好，活动身体心不老。早三圈，晚三圈，各种疾病不沾边。

◎边遛弯，边聊天，高高兴兴心不烦。常散步，有快慢，千万别让石头绊。

◎往前走，也后退，练手练腰又练腿。勤散步，深呼吸，正常呼吸别太急。

◎散散步，要高谈，交流健康好经验。

◎身莫累，心莫烦，豁达开朗胸怀宽。早起床，多活动，生活规律足睡眠。

◎糖宜少，盐宜减，多吃鲜菜食清淡。烟宜戒，酒莫贪，节食减肥保平安。

◎高血压，是大患，认真对待莫怠慢。勿惊慌，勿恐惧，无声杀手能防范。

◎医生话，是良言，按时服药勿间断。有恒心，有毅力，延年益寿身体健。

◎少言语，养内气；戒色欲，养精气；薄滋味，养血气。

◎老年生活安排好，全面协调不可少，业余生活巧谋划，岁月切勿流失了。

◎思想观念更新好，难得糊涂可参考，自我调节最重要，烦恼设法自己了。

◎居住环境调理好，心旷神怡情志高，实用美简相结合，我与神仙差不了。

◎家庭和睦关系好，相处和睦乐陶陶，伦理讲礼重理解，矛盾何须他人了，突发事件处理好，不可急躁火星冒，回避降温须冷静，身心相安无事了。

第十章
以乐养生，为修身健康之根

从保持身心健康的角度来看，喜乐是积极的情感一种表达，对保持和增进身心健康大有裨益。

首先，快乐使人身心和谐。乐与喜一样，同为心志，若快乐适度，则心脏活动正常。而《黄帝内经》中说："心者，生之本，神之变也。"又云："心者，五脏六腑之大主也，精神之所舍也。"可见，心脏活动正常，不仅能使生理功能保持正常的协调关系，而且按中医形神合一的观点，身心活动也会处于和谐的状态。

其次，快乐使人忘掉忧愁。孔子说："乐以忘怀，不知老之将至。"《内经》云："悲哀愁忧则心动，心动则五脏六腑皆摇。"《管子》亦说："忧郁生疾，疾困乃死。"既然快乐可以忘怀，自然就会避免"心动"，从而免生疾病。

再次，快乐使人充满活力。关于这一点，日本思想家武者小路实笃所说的一段话便是很好的说明："人们都希望人生充满快乐，快乐如果不降临，人生就会像机器缺少润滑油那样咯吱咯吱作响，就会枯燥乏味，无论品尝什么都感觉不到美味，无论看什么都不会觉得愉快，无论出现什么事都不会感兴趣，做什么事也只是履行义务。失去快乐，世界就会索然无味，有了快乐，人生才会有生气。"

若想生活美　人要有五"乐"

自得其乐　社会竞争的激烈，人际关系的复杂，七情六欲的生活等，都会使心理情绪恶化，故要善于调节心理，要有一个健康的心态。做到兴趣广泛，增加闲暇时间，使自己有更多的时间去做喜欢的事儿，如练书法、绘画、听音乐、下棋或走出户外进行体育锻炼、散步、打太极拳、跳舞等活动，能促进思维，健脑强身，忘忧除愁，增添乐趣。只有这样，才能使自己经常处于一种快乐的状态中，才能更好地维护健康，感受到精神上的享受和生活上的充实。

知足常乐　人贵有自知之明。事业上的追求可以永无止境，物质生活却要懂得知足。幸福是一种感觉，往往和金钱多少没有直接关系。人生在世，应得的权益要争取，份外的名利要学会放弃，千万不要自寻烦恼。要懂得有的东西得到是福，有的东西得不到也是福。正所谓塞翁失马，焉知非福。知足者日日神仙，不知足者天天身陷苦海。只有做到不奢求，不高攀，不争强好胜，不过分苛求自己，不追求名利，不贪得无厌，凡事想得开、看得穿、淡泊名利、安于清贫，坦坦荡荡，心情舒畅，才能获得快乐和愉悦。

行善为乐　从养生学角度看，行善积德乃养生之根。张景岳在《先后天论》中写道："唯乐可以养生，欲乐者莫如为善"。他简明地道出了行善、快乐与养生之间的关系。从免疫学角度来看，经常行善有益自身免疫系统的完善。行善为乐是一种高尚的行为和美德，是一种人格的升华。

与人交往善良正直，以诚相待，宽于待人，乐于助人，和睦相处，互相信任和尊重，为他人和社会奉献出一片真诚和爱心的人，会为实现自己的人生价值和心灵净化而感到自豪和快乐，更有利于延年益寿。

制怒找乐　学会制怒是一条重要的养生之道，也是延年益寿的良方。现代心理学家认为，人在发怒时，呼吸加快，肺泡扩张，血流加快，心跳剧烈，身体处于失控状态，自损身心，影响健康。凡心胸狭窄、斤斤计较的人，能过古稀之年者不多见。如果感到心情紧张、易怒、厌烦和忧愁，可学着放松一点，超脱一点，避开一点，积极参加一些文体活动；若外界环境影响工作和生活，可学着用自己的意志和行动去改变情绪：当你有什么心思压在心头，感到烦躁不安，可与朋友聊天或彼此出出主意，以宣泄不良情绪、排解怨愤。学会制怒，做到安静调和，神清气和，才能真正享受到快乐，找到人生的乐趣。

不嫉有乐　须知一个人的智力、体力、领悟力与适应能力都有一定的限度和范围。我们必须承认，天外有天，人外有人。当别人某些事情胜过我们时，要有为别人喝彩的雅量。心理学家认为，嫉妒是一种病态心理，还会导致某些功能性或器质性疾患，以及思想上的偏差。只要我们做到小事糊涂，学人之长，补己之短，不嫉妒、不怀疑、不贪心，肯用自己的力量追求那些属于自己的目标，自然不会受到失望的痛苦，而是会感到收获的满足和欣慰。

快乐使人充满生气，这既是身心健康的前提，也是身心健康的体现。当然，积极与消极是相对的，如果喜乐等情感表现得过激或过久，也会走向反面，对健康产生不利影响。以"乐"为例，久乐、狂欢不仅对健康不利，而且还损健康。因此，我们必须善于调控快乐情绪，使其发挥其应有的积极作用。

乐观，修身之必须

乐观豁达的生活态度是修身养生的必备因素。这里有一个故事讲给大家听，有两个人各剩半瓶水，而他们面对的是一片茫茫沙漠，两个人中一个是乐观主义者，一个是悲观主义者。乐观的人想："我还有半瓶水是多么高兴的一件事情啊！我一定会走出这茫茫沙漠，我真幸运。"而悲观者则认为："天啊，我就剩半瓶水了，怎么能走出这茫茫沙漠？我完了。"悲观者流下了绝望的眼泪。结果，乐观的人走出了沙漠，悲观的人却死在了茫茫大漠之中。

相传，83 岁的庄子也是一个乐观主义者。这位战国时期著名的思想家、文学家，虽一生穷困，却是个长寿之人。庄子生活在奴隶社会迅速崩溃、封建社会逐渐形成的战国中期。当时诸侯混战，"天下共苦，战斗不休"，曾任蒙漆园吏的他，不愿与统治者同流合污，便辞官隐居，潜心研究道学。

在庄子的养生思想中，不管是顺应自然、忘却情感，还是无私无欲，清心至上，都是为了追求同一个目标，那就是绝对的精神自由。他说"有为而累者人道也"。在庄子看来，人的生活状态是充满牵绊和负累的，是不自由的，与养生是背道而驰的。庄子所有的养生观点都立足于"尽人事、安天命、任逍遥"的思想上，他养生的最高境界"尽年"，这是一种纯粹的、绝对的精神自由，是一种无滞无碍的大境界。

　　庄子十分推崇心境平和、从容坦荡、处世旷达的精神境界，他认为这才是养生最根本的内涵，就像现代人所说的，精神系统的健康是人长寿的首要条件。而要达到"精神系统的健康"，庄子则强调在各种复杂的关系中左右为难、犹豫不决是最易引发苦恼、造成伤害的，尤其是对精神的"重伤"。所以人要想长寿，必须情绪稳定，无忧无虑，安逸自在，始终保持精神系统的正常运转，使之处于逍遥而无滞碍的最佳状态，进而享受心宽体健、尽得寿福之乐。

　　庄子用了一个形象的寓言故事解释这一观点。他说，沼泽里的野鸡，走十几步才能找到一点吃的，走上百步才能喝到一口水，虽然生活得不安逸，但它却拥有自由。而畜养在笼子里的鸡，尽管看上去神气十足，可生活得并不愉快。它们饮食充足，但有翅难飞，蹦跳不得，因此难以全生。庄子以此说明，一个人如果长期禁锢在自己设置的精神枷锁中，必然会忧愁苦闷，"病由心生"。而精神上受到桎梏，才是养生之大害。只有扫除精神上的障碍，才能"豁达而多寿"。

　　庄子把只有一只脚的右师和"笼中雉"做比较。他认为，形体残疾对养生并无影响，所以右师神全而形残也无碍于养生，而雉在樊笼里虽饮食无缺，却没有自由，生活得并不舒适。这说明养生应以精神的逍遥自得为主。

　　对于大多数人来说，多方寻求养生之道，无非是基于一种"好生恶死"的心理。我们都希望活得更长久一些，让死亡离自己远一些。这是人之常情，但畏惧死亡对养生是有害无益的。一个人时刻为自己的生死担忧，会在无形中给自己增加心理负担，这与前面提到的庄子的养生思想是相悖的。相反，看破生死、豁达淡然，更有利于养生。

庄子是一个把生死看得很透彻的人。他认为人的生死是自然常规，就和草木的枯荣一样，人更没必要爱生而惧死。他说"死生，命也；其有夜旦之常，天也"，人生有生有死就像世间有白天和黑夜一样，是最正常不过的事了，既然人力无法干预，也就没必要为生死苦恼，为寿命的长短而担忧，因为苦恼和担忧都是徒劳的。这不是诡辩和悲观，而是站在自然宇宙的角度看人生，与浩瀚无边的宇宙相比，人生只是短短的一瞬，如白驹过隙，何必还要为生死自寻烦恼呢？所以庄子在他的妻子去世后并不悲伤，反而"鼓盆而歌"，因在他看来死亡是一种回归，一种解脱。这种通达的生死观可以减轻人们对死亡的心理压力，不会为了养生而养生，而是使养生也顺应自然，使有限的生命历程更快乐、更轻松，在提高生活质量方面有积极意义。

★ 名人养生谈

孔石泉：不怕死就死不了

原济南军区顾问孔石泉生于 1909 年，享年 93 岁。谁能相信，他曾经身患多种癌症，还是全国抗癌明星哪！

古稀之年查出身患癌症，当时的孔老已 70 多岁了。因为癌症，原本体质就不太好的孔世全一下子瘦了 30 斤，这让家人心疼不已。可孔老却神情平和、语气坚定地说："不怕死就死不了！癌症是会咬人的老虎，也是纸老虎，既然发生在我身上，就是我身体的一部分，我不怕它，你们也不要怕，不要胡思乱想，我们既来之，则安之，以积极的心态配合医生治疗就是了。"住院期间，孔老不仅自己乐观面对癌魔，还经常做着其他病人的思想工作，连医生都被感动了。

"任何治疗都是要受苦的，特别是与癌症作斗争，更要发扬不怕苦、不怕死的精神。整个放化疗过程非常痛苦，那几年，我都不知道自己是怎么过来的，但最后还是根据医生的治疗方案都挺了下来。"孔老说，这种痛苦对一般人来说，也许很难理解，但对同样做过放化疗的病人来说，他们肯定很有感触。

经历过癌症后活到近百岁，这中间有什么秘诀？"主要还是心态比较好，性格也比较平和。"谈到自己抗癌长寿的原因，孔老认为，保持良好的心态是关键，不要把自己当病人，但也不能马虎，要在"战略上蔑视敌人，战术上重视敌人"。所以"战术"上，他定期复检，生活规律，房间定期消毒，不去人多的地方凑热闹。此外，孔老平时不抽烟、不喝酒，以素菜为主，很少吃肉。

"乐以忘忧，就是死神也拿我没办法！"这是他常挂在嘴边的一句话。

文怀沙：大道无道，顺其自然最养生

文怀沙是我国著名的国学大师、红学家、书画家、金石家、中医学家、吟咏大师、新中国楚辞研究第一人。1910 年生于北京，祖籍湖南。上世纪 40 年代，文怀沙就在文化界有一定名望。谈起长寿之道，文老说："我有养生'三字经'！"

自创养生功法——正清和

文怀沙晚年常写三个字——正、清、和。他说："这是我晚年创造的哲学，是我写的最短的文章，全文正文仅 3 个字。这三个字为什么对养生有好处呢？正、清、和，就是用正气反邪气，用清气反浊气，用和气反戾气。'正清和'也可以当作养生的功法来理解，这个'正'字念去声，'清'是阴平，'和'是阳平。正，吸进去，这叫纳；'清'、'和'不要念出来，而要嘘出来，用嘴出气。这就是道家所谓的吐故纳新。"

老人锻炼要量力而行

满脸红光的文老比实际年龄至少年轻二三十岁。问其养生之道，文老说："万变不离其宗，运动锻炼是身体健康的重要保证。"

他认为老人锻炼一定要量力而行，不要过火、过量，应根据地点、环境、自身体能状况等条件锻炼，否则不但达不到长寿之目的，甚至会适得其反，真正成了"垂死挣扎"。

我心态很年轻

文老髯须冉冉，给人以仙风道骨之感。他说："老年人最大的痛苦是老想昨天，总觉得现在不如过去，这个没劲。我觉得所有的老年人，不要把'老年'二字当成自己的包袱，而应该想明天我计划做什么，这个是其乐无穷的。"

人老心态不能老。说到保持年轻心态秘方，文老脱口吟诗："生平只有双行泪，半为苍生半美人。"对于文怀沙来说，美的文章，美的人，就是他健康的动力，美丽对于他来说，力量是巨大的。

心胸开阔人长寿

淡然豁达是文老的处世态度，曾经有人很激烈地咒骂文老，并对他的观点表示反对。但他并不在意，只记恩，不记仇，这就是文老的一贯态度。

说道养生之道，文老说："我就是看自己爱看的，听自己爱听的，吃自己爱吃的，玩自己爱玩的，记让自己高兴的。"

冰心：事因知足心常乐，人到无求品自高

著名女作家冰心，是"五四"新文学运动时期的代表作家之一，99 岁高龄时辞世，她是我国文坛的世纪老人。冰心从小生活在海边，拥有广阔的胸怀，这也造就了她宁静乐观的心态。冰心一生追求爱和童心，始终保有一颗纯净的赤子之心。从《寄小读者》、《再寄小读者》等文章中，可以看出她孩童般天真烂漫的心怀。随着人生阅历的不断增加，她的性格却始终恬静平和。

冰心认为，人的心灵是全身的统帅，养生首先是心态平和、稳定。中国传统医学说"善养生者养内，不善养生者养外"。在冰心看来，人若心理不健康，整天患得患失、争强好胜、嫉贤妒能，即使天天吃补品，也不可能长寿。真正的养生就要做到心无杂念，宁静平和，追求一种淡泊的人生境界，这样才能排除外界的干扰，感受到生活的美好。冰心的书房里有一个条幅"事因知足心常乐，人到无求品自高"，老人非常喜欢这个条幅，经常在闲暇时细细审视。正是因为冰心老人始终保持这种心态，才使她拥有了一种平和、愉悦、释然的人生境界，怡然自乐享百年。

张学良：乐观的力量

张学良一生经历坎坷，"西安事变"后，他被囚禁了数十载却能泰然处之并健康长寿，其经验有以下几个方面：

1. 坚强的意志与坚定的信念：他追求真理，热爱中国，深信自己终有一天会得到历史公平的评价。

2. 夫妻恩爱之情：在这漫长的囚禁岁月里，一直有赵四小姐陪伴，同甘共苦，相依为命。

3. 适应生活环境，接受命运安排：张学良原来脾气很大，但经过一段时间的适应之后，他终于明白了道理，并以积极的态度重新安排自己的生活，还建立了新的生活规律。

4. 性格幽默。张学良一贯以幽默的性格著称，他一生有三爱——爱打麻将，爱说笑话，爱唱老歌。他曾多次告诉狱友："即使明天被枪毙，今天晚上我依然睡得香甜。"可见乐观与幽默给了他无穷的生命活力。

启功：举重若轻，宠辱不惊

我国当代著名教育家、古典文献学家、书画家启功先生享年93岁，他半生坎坷，曾被划为右派，遭遇"文革"，晚年丧妻，最终彻悟人生，宠辱不惊。他的助手曾问先生："经历了这么多难事，你为什么还这么乐观？"他答道："我从不温习烦恼。人的一生，分为过去、现在和将来。过去的已经过去了，现在很短暂，很快也会过去，只有将来是有希望的。"他的高寿与他思维活跃、心胸宽广、谦恭幽默、平易温和的养生之道，有着密切的关系。

　　风趣幽默

　　启功先生说："这个世界上，面对我的字，大体上有三种人，一种是不认识我的人，他们对我的生存是无所谓的；另一种人是对我感兴趣并且已经拿到我的字的人，他们盼我赶紧死；第三种人是对我感兴趣但还没拿到我的字的人，他们盼望我先别死。"

　　启功先生说他有"三怕"与"二不怕"。三怕：怕过生日、怕沾上"皇家祖荫"（启功是皇族，为雍正九世孙）、怕给自己介绍老伴；二不怕：一不怕病、二不怕死。启功先生患有美尼尔氏综合征，发作时眩晕、耳鸣、呕吐，但他却能在苦中取乐，戏作《沁园春·美尼尔氏综合征》词一首："夜梦初回，地转天旋，两眼难睁。忽翻肠搅肚，连呕带泻；头沉向下，脚软飘空。耳里蝉嘶，渐如牛吼，最后悬锤撞大钟。真要命，似这般滋味，不易形容。明朝去找医生，服'苯海拉明'、'乘晕宁'。说脑中血管，老年硬化，发生阻碍，失去平衡。此症称为，美尼尔氏，不是寻常暑气蒸。稍可惜，现药无特效，且待公薨。"

　　颈椎病发作时进行牵引治疗，本是一件令人十分痛苦之事，可先生却以一首《西江月》打趣："七节颈椎生刺，六斤铁饼拴牢。长绳牢系两三条，头上数根活套。虽不轻松愉快，略同锻炼晨操。《洗冤录》里篇篇瞧，不见这般上吊。"

　　有一次，启功先生晕病发作，医生给他输液治疗仍不见好转。感慨之下，他吟了一首《渔家傲·就医》以此抒怀："眩晕多年真可怕，千难苦况难描画。动脉老年多硬化，瓶高挂，扩张血管功能大。七日疗程滴液罢，毫升加倍齐输纳。瞎子点灯白费蜡，刚说话，眼球震颤头朝下。"

　　启功有次去医院看病，护士拿着装有他血液的试管不停地摇晃，启功先生问："你为什么摇晃?"答曰："您的血液太稠啦，不摇很快就会凝固，您要少吃肉啦!"恰巧，此时赵朴初先生也来诊病，赵老说："吃了一辈子素，现在也是血脂高。"这下让启老抓住了证据："你看，我说和吃肉没什么关系嘛!"

　　启功先生在一次接到病危通知书后，以调侃的口吻随口吟词一首："浑身实难受，满口答无妨。扶得东来西又倒，消息传来贴半张;仔细看，似阎罗置酒，敬候台光。"面对死亡却能如此轻松，如果没有"无身忘我"的超凡心胸，实难信手拈来如此幽默诙谐的诗句。启功先生能如此乐观地看待生死，连阎王也无可奈何了，于是他又一次"策杖回家转"了。

　　谦恭温和

　　"学问深时意气平。"有真才实学的人，大多都谦虚谨慎、平易温和。启功先生曾这样自叙生平："检点平生，往日全非，百事无聊。计幼时孤露，中年坎坷，如今渐老，幻想俱抛。半世生涯，教书卖画，不过闲吹乞食箫。谁似我，真有名无实，饭桶脓包。偶然弄些蹊跷，像博学多闻见识超。"

　　1978 年，启功先生 66 岁，作为一个书画大家，正当盛年，他却自撰《墓志铭》，满篇诙谐幽默："中学生，副教授。博不精，专不透。名虽扬，实不够。高不成，低不就。瘫趋左，派曾右。面微圆，皮欠厚。妻已亡，并无后。丧犹新，病照旧。六十六，非不寿。八宝山，渐相凑。计平生，谥曰陋。身与名，一齐臭。"

　　在北师大校园内，师生们尊称他为"博导"。博士生导师启功便笑着说："老朽垂垂老矣，一拨就倒、一驳就倒，我是'拨倒'，不拨'自倒'矣！"

　　启功先生外出讲学时，听到会议主持人说到"现在请启老作指示"，他接下去的话便是："指示不敢当。本人是满族，祖先活动在东北，属少数民族，历史上通称'胡人'。因此在下所讲，全是不折不扣的'胡言'……"如此见面语，立马活跃了会场气氛。

　　启功先生曾用卖字画的钱设立了一个"奖学助学基金"，但不用自己的名义，而是用他恩师陈垣（励耘）的名义设立。他不计报酬为别人创作了很多书画作品，还多次捐资希望工程，而他本人始终过着粗茶淡饭、粗衣布鞋的简朴生活。他不图虚名，对于人们尊称他是这"家"那"家"，他一概不承认，只认定自己是一名教师。启功先生常说："大家都是平民，不要把自己看高了。大家都比地高，比天矮。"正是启功先生这种谦恭温和、不固步自封、心胸宽广、平易近人的性格，使他得以长寿。他有诗一首证明：

古稀体弱不为奇，自我保健受大益。
注重修养淡名利，遇到烦恼莫生气。
睡眠充足按时起，神智清醒再下地。
早晨洗漱刮头皮，晚上温水足常洗。
一日生活有条理，节奏适度不着急。
饮食清淡少油腻，注重食疗当牢记。
细嚼慢咽防便秘，讲究卫生常查体。
常看电视有间隙，减少辐射保视力。
气候变化增减衣，防止感冒莫大意。

经常锻炼壮身体，清静之处深呼吸。

适当饮酒烟禁忌，控制饮食莫饱饥。

闻墨飘香涂几笔，读书看报助记忆。

旅游胜景观察细，勤于思考善习诗。

走路洗澡站稳地，严防摔跤伤躯体。

臧克家：诗坛泰斗健康名家

臧克家是一代诗坛泰斗，享年98岁。在他90多岁时，有记者采访臧老，见他身体依然硬朗，就向他请教长寿之道。他把自己的养生之道告诉记者："思想大门洞开，情绪轻松愉快，锻炼、营养、药物，健康恢复快哉！"这既是臧老几十年来与疾病斗争的真实写照，也是他养生经验的总结。

把锻炼放在首位

臧老曾是个视药物为救星的人，而长期的治疗实践，他深深体会到，药物只能医病，而不能强身。欲求身体健康，锻炼最为重要。他每天早晨六点左右醒来，在床上先做一套自己独创的按摩拍打"功"，起床后还要进行打拳、深呼吸、散步等一系列活动。除晨起后在室外散步半小时外，午饭、午休、晚饭后，各散步半小时。臧老认为，散步有促进消化、延年益寿等作用。

童心未泯

臧老晚年以和孩子们在一起为乐趣。他居住的胡同里有两所幼儿园，那是他常去的地方。同孩子们在一起，有说有笑。平常在家里，臧老喜欢与小外孙在一起，不厌其烦地回答孩子提出的一个个有趣的问题。孩子们成为臧老的感情寄托，成为他与疾病斗争、保持良好情绪的精神支柱。他的一颗心跳动了90余年，仍是一颗童心。可以毫不夸张地说，赤诚的童心，开朗的性格，勤奋的笔耕，是他健康长寿、精神不老、诗文长青的秘诀。

脑勤动，笔不停

有的老作家一过八旬就"封了厢"，宣布停笔，可臧老不这样。他几十年如一日从未停止过写作，就是在病魔缠身、卧床不起的情况下，仍不放下手中的笔。他把写作视为与病魔作斗争的一种手段。勤于动脑、勤于动笔，是臧老健康长寿的重要原因之一。

生活有规律

臧老很善于安排自己的工作、学习、运动与休息，使生活很有规律。他习惯于早起晨练，且一年四季从不间断。早饭后写作一两个小时，闲暇时弄弄花、扫扫地、喂喂鸟，从事轻体力劳动，几乎天天如此。臧老不吸烟、不喝酒、饮食清淡。在饮食上从不挑食、贪食，各种菜类兼顾，适量吃些肉蛋。

艾娜·普和莉莉·米尔瓦德：快乐姐妹创长寿记录

2012年初，世界上最长寿的双胞胎姐妹艾娜·普和莉莉·米尔瓦德共同度过了她们的102岁生日。这对英国孪生姐妹是世界上最长寿的双胞胎老人，已被载入《吉尼斯世界纪录》。

尽管已有102岁高龄，但姐妹俩几乎每天晚上都要通电话相互问候，每周还会结伴外出购物。这对双胞胎姐妹在一起庆祝了她们所有的生日，谁也没单独享用过生日蛋

糕。妹妹莉莉·米瓦尔德称"笑口常开和彼此之间爱开玩
笑"是她们俩的长寿秘诀。

莉莉65岁的女儿黛安娜·鲍威尔向威尔士新闻机构介
绍道："我母亲虽然在去年圣诞节期间不小心跌了一跤，摔
断了臀骨，不得不住院治疗，但她始终保持一个好心情，
所以康复得很快。"作为终身伴随的好姐妹，姐姐艾娜只要
身体条件允许，就会到医院探望妹妹，风雨无阻。姐妹俩
会在病床边唠唠家常，回忆过去的美好时光。

艾娜姐姐一直住在乡间的村舍里，莉莉则住在另一个
小农场里，姐妹俩都竭力避开现代生活中的奢华因素和一
些高新技术产品，家中也不装任何冷暖设备。

美国斯克利普斯应用科学研究所主任埃里克·托波尔
博士认为：孪生姐妹能活到102岁充分说明了基因对长寿
的关键作用。同时他也强调：笑是身心健康的最佳疗法。

★ 健康箴言

◎暴饮暴食易生病，定时定量保安宁。

◎宽容大度胜良药，恬静愉悦是良方。

◎欢乐是长寿的妙药，勤奋是健康的灵丹，运动是生
命的投资，长寿是健身的回报。

◎好习惯是健康的银行，坏习惯是健康的赌场。

◎治病是下游的抗洪抢险，预防是上游的植树造林。

◎英雄别登"红塔山"，好汉莫走"万宝路"。劝君勿
入吸烟伍，戒烟重走健康路。

◎饮食贵在节，读书贵在精，锻炼贵在恒。

◎健康是人生的第一财富，保持健康不仅是对自己负

责，也是对社会负责。

◎幸福的基础是健康的身体。

◎健康的乞丐比生病的国王更幸福。

◎身体虚弱，它将永远不会培养有活力的灵魂和智慧。

◎忽视健康，就等于拿自己的生命开玩笑。

◎微笑能让心明媚，喜悦能把病吓跑，心情愉悦百病消，经常笑笑容颜俏！

◎掌握了自己的身体，也就掌握了生活。必须明白是自己创造了身体的每一个"疾病"，年轻时放弃健康获取财富；年老时就会放弃一切财富去恢复健康。

◎食要吃暖，衣要穿宽，饭定时吃，衣看天穿，吃饭莫饱，说话莫吵，处事莫恼，睡觉要早。

◎骨骼支撑身体，健康支撑事业，管不好身体的人，就没有资格管理他人，经营不好健康的人，就无力经营一切。

◎瓜好不在大小，得病不在老少，年龄与健康不成正比，唯有热衷于养生保健的人，健康才会为您放慢逝去的脚步。

◎健康是拼搏、奋发、进取的有利保障，有了健康，才有旺盛的精力、饱满的热情和积极向上的动力。

◎养生保健十要诀：一贯知足、二目远眺、三餐有节、四季不懒、五谷皆食、六欲不张、七分忍让、八方交友、酒少烟断、十分坦荡。

◎老年膳食原则：数量少、质量精、品种杂、主食粗、饭菜香、菜要淡、蔬果多、饮食热、饭要软、吃得慢、早餐好、晚餐早。

◎名誉、金钱、物质、地位都是身外之物，唯有健康是自己的，是任何事物都不能与之健康交换的。人生最大的幸福是快乐，人生最大的快乐是健康。

◎养生保健有"七常"：发常梳、面常擦、目常转、耳常弹、口常漱、齿常叩、腹常揉。

◎糊涂人难知聪明可贵，贫苦时才知钱财是宝，患病时方知健康无价！

石成金养生八乐

清代养生家石成金著有《养生镜》一书，其中的《天基乐事》篇论述了养生八乐，享此八乐，不是神仙胜似神仙。

一为"静坐之乐"。劳作之余，静坐休息，万虑俱忘，恬淡自乐。

二为"读书之乐"。博览群书，开阔眼界，宽阔胸怀，岂非乐事。

三为"赏花之乐"。观赏花木，美化环境，娱目悦心，莫大之乐。

四为"玩月之乐"。欣赏夜月，闲坐清玩，心骨俱清，何乐不为。

五为"观画之乐"。品赏绘画，山水楼台，供我娱目，乐在其中。

六为"听鸟之乐"。清晨鸟语，百般音韵，清享之乐，高山世外。

七为"狂歌之乐"。放歌吟诵，随兴所至；开朗胸心，乐自天来。

八为"高卧之乐"。北窗高卧，凉风徐来，转侧神舒，乐似陶春。

★ 寓言故事 ★

健康是财富和成功的源泉

一位妇人回家时，发现家门口坐着三位白胡子老者，她不认识，便对三人说："虽然我不知道你们是谁，但各位也许饿了，请进来吃些东西吧！"三位老者问道："男主人在家吗？"她答："不在。"老者们说："那我们不能进去。"傍晚时分，丈夫回来了，妻子向他讲了白天发生的事。丈夫说："快请他们到屋里坐。"但三人却说："我们不能一起进屋。"其中一位老者指着身旁的两位说，这位叫财富，那位叫成功，而我的名字是健康。现在你们进屋讨论一下，看看愿意让我们当中的哪一个进去。于是，丈夫对妻子说："让财富进来吧，这样我们就可以黄金满屋啦！"妻子不同意："还是请成功进来更妙！"他们的女儿在一旁倾听。她建议："请健康进来不好吗？这样我们一家人身体健康，就可以幸福地享受生活、享受人生了！"丈夫对妻子说："听女儿的吧。去请健康进屋做客。"妻子说："我们请健康进来做客。"健康起身向她家走去，另外两人也站起身来，紧随其后。妻子吃惊地问财富和成功："我只邀请了健康。为什么二位也随同而来？"两位老者答道："健康走到哪，我们就陪他到哪，因为我们根本离不开他。健康才是一切财富和成功的源泉！"

上帝最公平

有位富翁，38 岁就得了心肌梗塞，有时打个喷嚏或用力排便都会引起心慌、心悸等不适。所以，他每天都过得小心翼翼。他经常抱怨："为什么上帝对我这么不公平，别人 83 岁都没有病，而我 38 岁就得了这要命的病，我怎么这么倒霉！"

一位智者说："上帝是公平的，你为什么得病，道理很简单，因为你违背了健康规律。你每天大吃大喝，山珍海味、鸡鸭鱼肉从不忌口；你出门就坐宝马，上二楼也要坐电梯，从不运动，烟酒更是无度；而且你的心理也不健康，你身边有那么多女秘书，今天拉着秘书的手，心里就颤抖，明天拉着情人的手，血压往上走，挣钱你就激动，赔钱你就着急。合理膳食、适量运动、戒烟限酒、心理平衡，健康四大基石，你没有一项符合，还谈何健康。所以说，上帝是公平的，健康面前人人平等！"

金钱该出手时就出手

有一年，一个城镇发生了水灾，人们纷纷逃难。穷人逃难，无牵无挂，一身轻松。而有一位富翁，腰缠万贯金银，身背珠宝翡翠，眼看大水要将他淹没，人们大喊："快把金银财宝丢掉，游上岸来，可这富翁财迷心窍，想到这些财宝来之不易，是多年积蓄，又怕被穷人夺去，说什么也舍不得丢，波浪打来，人和财被席卷而去。

其实，相对了生命和健康，金钱真的是一文不值。有生命、有健康可以创造出无限财富，而财富却不能挽回仅有一次的生命！

储存健康胜过一切"灵丹"

传说有一个富翁取了四个妻子。第一个是原配，地地道道地黄脸婆，富翁很少见她；第二个妻子稍有韵味，以至富翁偶尔会给她一个问候；第三个妻子是富翁的梦中情人，富翁用金钱和珠宝相赠娶到了她；第四个妻子是富翁的心肝宝贝，富翁天天和她在一起……有一天，富翁得了重病，弥留之际，他说："我拥有四个妻子，我一定要找一个陪我去极乐世界。"

"什么？要我陪你一起死？你去死吧！"第四个妻子头也不回地走了。

"你怎么可以这样呢？你不在了我还可以找别的男人啊！"第三个妻子也走了。

"老头子，你死后我会去你的墓地看你的。"第二个妻子说。

"天啊……枉费我对你们那么好！这些女人真是太残忍了！"富翁绝望地说！

"亲爱的，你还有我！我可以陪你到生命的尽头！"这个陌生的声音让富翁想不起来是谁，他张开眼睛一看，竟是自己的结发妻子！富翁第一次流下了苦涩地泪水。"没想到在弥留之际，是你陪我走过人生的最后旅程！"

来到天堂后，上帝问富翁："你知道你这四位妻子分别代表什么吗？"

"第四个妻子"代表灵魂，生命结束的同时"灵魂"也会离你而去。

"第三个妻子"代表了财富，死亡意味着"财富"会拱手让给别人。

"第二个妻子"代表亲友，他们会在你离开时为你送行。

"第一个妻子"是你的身体，从呱呱坠地到垂垂老矣，身体会一直陪伴着你。而身体的健康程度则是"上天"赐于每个人的财富。但我们并不知道这笔"财富"存了多少……

因此，只有善待自己的"健康"，这份财富才会一天天地增长；否则，不断"透支"，"财富"很快就会耗尽和消失，储存自己的健康，胜过一切灵丹妙药！

常喝"三乐汤"身心保健康

上帝召见一富翁，他站在玻璃窗前，上帝问富翁看到了什么？富翁说，看到了高楼大厦、欢乐的人群、车水马龙的繁华之景。上帝又让富翁站在镜子前问他看到了什么？"看到了自己"，"那么玻璃和镜子有什么区别？"富翁答："镜子后面有一层银。"上帝说：有些人特别看重自己，看重金钱，有了金钱就财大气粗，自傲自满；有了金钱就放纵情欲，更有甚者金屋藏娇，真是庸碌无为的一生。

岁月辗转犹如梦，匆匆忙忙把名利争，为美色甘舍性命，为金钱不择手段，顺境时就狂妄自大，目中无人；逆境时就自暴自弃，无所作为。哪有什么健康可言？

所以，只有放下自己，丢掉贪欲，心理才能平衡。春风得意时要助人为乐，比上不足时要知足常乐，身处逆境时要自得其乐，常喝"三乐汤"身心保健康。

常爬三座山

我们要常去看看井冈山，那里是革命根据地，是胜利的摇篮。在井冈山有无数先烈为新中国的成立而牺牲，让我们知道胜利来之不易，从而更珍惜今天的幸福生活，少索取多奉献。

我们要常去看看乐山，乐山大佛心胸开阔，可谓宰相肚里能撑船。如果一个人心中能容下一个家庭，他就是一家之长；如果一个人心中能容下一营人，他就是当营长的材料；心中容得下千军万马，就是帅材。人们要严以律己，宽以待人，己所不欲，勿施于人，宽心大度，善待他人。因为善待他人就是善待自己。

我们要常去看看八宝山，它是净化心灵的地方，不管你身份多高，多有钱有势，倾刻间都会化为乌有。名利地位、钱财都是身外之物，生带不来，死带不走，良好的心态才是健康砥柱。

因此，人们要常爬三座"山"，天高地又宽，知足人常乐，无求品自高。

猎人的教训

一个年老的猎人带着一个年轻的猎人去打猎。不料，年轻人不慎掉进枯井里，摔断了双腿。老猎人束手无策，只好对年轻猎人说："你等着，我找根绳子把你拉上来。"说完便去找绳子。年轻猎人等了好一会儿也不见老猎人回来，求生的欲望使他鼓起勇气试着往上爬。他左手撑着井壁，右手抓着井边的小草，艰难地往上移动自己身躯，终于和井口只有咫尺之遥。这时，老猎人回来了。他看到年轻人身处险境，忍不住大喊："你的双腿都摔断了，那些小草能撑住你的身体吗？要是再摔下去可怎么办啊？"快要爬出枯井的年轻人忍不住往下探了探头，黑洞洞的深井像个无底深渊，井壁上爬着各种奇形怪状的虫子，齐刷刷地往下掉……他越看越恐怖，越想越害怕，两眼发黑，两手发抖！他简直无法相信自己是怎样爬上来的。就在老猎人刚伸出手准备拉他时，他手中的小草被连根拨起，只听"咚"的一声，年轻猎人又一次重重地摔到了井底。

这次他再也没爬起来……临死时，他自言自语道："我已经爬了那么高，就差一点点，别人不相信我，我怎么能不相信自己呢？"

猎人摔断了腿，还能从枯井爬出来，是因为他有强烈的求生欲望，可恐怖心理却害了他。有些人得了重病，不久便离开人世，这类人并不是病死的，而是被疾病吓死的。

生命的价值

有一个在孤儿院长大的男孩，常常悲观地问院长："像我这样没人要的孩子活着还有什么意义呢？"

院长总是笑而不答。有一天，院长交给男孩一块石头，说："明天早上你拿这块石头到市场去卖，但不是'真'卖，记住，不论别人出多少钱，绝对不能卖。"

第二天，男孩蹲在市场角落，意外地有好多人要买他的石头，而且价格越出越高。回到院里，男孩兴奋地向院长报告，院长笑笑，要他明天拿到黄金市场去叫卖。在黄金市场，竟有人出了比昨天高十倍的价钱。

最后，院长叫男孩把石头拿到宝石市场上去展示。结果，石头的身价较昨天又涨了十倍。由于男孩怎么都不卖，这块石头竟被传成了"稀世珍宝"。

男孩兴冲冲地捧着石头回到孤儿院，将这一切禀报院长。院长望着男孩，说道："生命的价值就像这块石头一样，在不同的环境下就会有不同的意义。一块不起眼的石头，由于你的珍惜而提升了它的价值，被说成'稀世珍宝'。你不就像这块石头一样吗？只要自己看重自己，自我珍惜，生命就有价值。"

钉子的故事

有一个男孩脾气很坏，于是他的父亲给了他一袋钉子，并告诉他，每当发脾气时就在后院的篱笆上钉一根钉子。

第一天，男孩钉下了 37 根钉子。慢慢地每天钉下的数量逐渐减少。他发现控制自己的脾气要比钉钉子容易多了。终于有一天男孩不会因失去耐性而乱发脾气，父亲告诉他，从现在开始每当他能控制自己的脾气，就拔出一根钉子。日子一天天地过去，最后男孩把所有钉子都拔出来了。

父亲握着他的手来到后院说："你做得很好，我的好孩子。但是看看那些篱笆上的洞，这些篱笆永远不能恢复成以前的样子。你生气时说的话将像这些钉子一样会给别人的心中留下疤痕，不管你说了多少次对不起，那个伤口永远不会愈合。话语的伤痛有时比真实的伤痛更让人无法承受。"

如果我们都能从自己做起，宽容地看待他人，就能收到许多意想不到的结果。帮别人开启一扇窗，也就是让自己看到了更完整的天空……

信心是一种财富

两个旅行者因缺水被困沙漠，其中一个提出去找水，让同伴在此等候。临行前，他留给同伴一支枪、五发子弹和一瓶水，并对同伴说："你每隔一小时打一枪，我好知道回来的方向。"留下的同伴在打完第四发子弹后，绝望地把枪口对准了自己……正在这时，找水的同伴回来了，他不仅找到了水，还领回一支骆驼队，故事中的人为什么会自杀呢？因为他对自己、对同伴没有信心。

一天，一头老驴掉到了枯井里，它不断发出求救声。但驴的主人没有想到解救的办法，反而认为，井已枯，驴已老，便决定填井。当第一铲土落下时，老驴显然明白了主人的意图，它叫得更凄惨了。当第二，第三铲土落下时，驴子变得出奇地镇静。每一铲土落下后它都快速地抖动，使土落下，垫在脚下，将土踩实，反反复复，驴子在主人惊讶的目光中走出枯井。可见是信心救了它，在生活中，我们也要对自己，对同伴有信心，因为信心是一种无形的力量，是一笔宝贵的财富，它能救人于危难之中，并创造生命的奇迹。

养生警言

1. 什么是心理健康

心理阳光，而不是阴暗。

别人不能容忍的，他能容忍；

别人不能承受的，他能承受；

别人不能放下的，他能放下。

人生不如意十有八九，如意者只有一二。

人要常想一二，少想八九。

2. 什么是中道养生

夏不过凉，冬不过暖。

饿不过饥，食不过量。

劳不过疲，闲不过烦。

乐不过极，悲不过久。

欲不过度，嗜不过分。

胜不过骄，败不过馁。

名不过求，功不过居。

3. 关注健康

孤单是健康的大敌，生气是健康的毒药。

4. 五个过度

一是过度检查，查出病来了；

二是过度治疗，治出病来了；

三是过度滋补，补出病来了；

四是过度担忧，吓出病来了；

五是过度娱乐，玩出病来了。

5. 如何对待时间

过去属于死神，不要后悔；

现在属于自己，不要放松；

未来属于人类，不要抛弃。

少年到老年，逝去难回返。

青春勤努力，老来无遗憾。

6. 如何对待人生

青年要像春花一样灿烂，

中年要像夏天一样充实，

老年要像秋实一样静谧，

暮年要像松柏一样挺拔。

7. 一个中心两个基本点

一个中心：以健康为中心；

两个基本点：糊涂一点，消遣一点；

三个忘记：忘记年龄，忘记名利，忘记恩怨；

四句座右铭：退而不休，发挥余热；学而不厌，更新知识；老而不懈，严以律己；为而不求，奉献社会。

8. 我的长寿歌

乐善好施，仁者寿。

容人容物，德者寿。

博学广闻，智者寿。

正气浩然，强者寿。

清心寡欲，廉者寿。

坚持劳作，动者寿。

粗茶淡饭，俭者寿。

起居有序，顺者寿。

笑口常开，乐者寿。

互尊互敬，爱者寿。

以诚待人，友者寿。

9. 修身养性

善良是心理养生的营养素，宽宏是心理养生的调节阀，

乐观是心理养生的不老丹，淡泊是心理养生的免疫剂。

10. 夏季饮食三多三少

一是多喝温水，少冰冷刺激；

二是多蔬菜水果，少油腻食物；

三是多吃熟食，少食生冷。

11. 人有两种细胞

人体有两种细胞：一种是快乐细胞，是健康的正能量；

一种是痛苦细胞，是健康的负能量。

一个是真正健康的人，应当是身心快乐，没有疾病，精神健康没有忧愁。

12. 百岁老人的长寿特点

中国老年学学会 2007 年至 2012 年的调查发现，我国百岁老人具有以下六项特征：

一是心态平和，顺其自然；

二是饮食有节，粗茶淡饭；

三是勤劳好动，生活自理；

四是家庭和睦，子女孝顺；

五是环境优良，空气清新；

六是家族长寿，遗传基因。

13. 百岁老人有十好、四大规律

十好：

一是顺其自然心态好；

二是坚持劳动身体好；

三是起居有序习惯好；

四是粗茶淡饭饮食好；

五是父慈子孝家庭好；

六是宠辱不惊修养好；

七是广交益友人缘好；

八是兴趣广泛学习好；

九是环境优美住得好；

十是病能自愈免疫好。

四大规律：

一是生活规律和自然规律相适应，起居有序。

二是运动规律和生理规律相适应，运动有方。

三是饮食规律和生活习惯相适应，饮食有节。

四是学习规律和精力变化规律相适应，张弛有度。

14. 养生名言

一日莫吃饱；

一月莫喝倒；

一年莫走少；

一世莫烦恼。

15. 健康自己掌握

人的健康掌握在自己手中，既可储蓄健康，又可透支健康，如起居有序，饮食有节，心情舒畅，劳逸

有度，就是储蓄健康。相反，吃喝玩乐，挥霍无度，黑白颠倒，唯利是图，就是透支健康。

16. 科学养生

科学工作别累着；

加强修养别气着；

控制饮食别撑着；

适当喝酒别醉着；

经常运动别闲着。

17. 自我保健

儿童健身，活泼天真；

青年健身，人更精神；

老年健身，又逢二春，

生活需要常更新，长寿需要常健身。

18. 如何对待老

不怕老，不言老，不服老，老当益壮；

有朝气，有正气，有志气，气贯长虹。

19. 如何对待健康

聪明人投资健康，明白人爱护健康，普通人漠视健康，糊涂人挥霍健康。对于家庭，健康是支撑力；对于国家，健康是生产力；对于个人，健康是竞争力。

20. 六笑人长寿

一笑烦恼跑，

二笑怨恨消，

三笑憾事了，

四笑病魔逃，

五笑乐逍遥，

六笑永不老，

时常开口笑,

寿比南山高。

21. 什么是一身轻

无官一身轻,无钱一身轻,

无忧一身轻,无贪一身轻,

无病一身轻,无怨一身轻,

轻松加愉快,病魔又何来。

22. 养生十要诀、长寿 16 字诀

一贯知足,

二目远眺,

三餐有节,

四季不懒,

五谷皆食,

六欲不涨,

七分忍让,

八方交友,

酒少烟断,

十分坦荡。

爱心、善良、正气、宽容、孝顺、

老实、奉献和淡泊。

23. 四个对待、四乐

四个对待:

正确对待自己,正确对待他人,正确对待社会,

正确对待历史。

四乐:

知足常乐,助人为乐,与民同乐,自得其乐。

24. 长寿三字经

环境美，花芬芳，
鱼儿游，鸟儿唱，
琴声美，歌悠扬，
朋满座，心舒畅，
常读书，胸敞亮，
效古贤，斗志昂，
练绘画，写文章，
爱活动，身体壮，
淡名利，精神爽，
顺四时，寿自长。

25. 自乐健康诗

心情快乐身自强，
合理膳食无病恙。
讳疾忌医不可取，
劳逸结合寿命长。

26. 茶有十气

一是散郁气；
二是润肠气；
三是驱阴气；
四是润肺气，
五是除疾气；
六是养生气；
七是聚人气；
八是通道气；
九是修文气；
十是养雅气。

27. 养生之要

顺乎自然，不违天意。

大地母亲，益精利气。

中道养生，不偏不倚。

扶正压邪，豪言正气。

注重修养，心底无私。

生活简朴，不求奢侈。

起居有常，杂合而食。

适度运动，因人而异。

廉洁奉公，不忘布施。

善待别人，严于律己。

与时俱进，学习不止。

预防为主，有病早治。

清洁卫生，健康少疾。

观海听涛，心旷神怡。

兴趣广泛，悦人乐己。

父慈子孝，家庭和气。

阴阳共存，生生不息。

回归自然，天人合一。

安康百年，利人利己。

28. 拜读振西兄《难忘岁月》有感

国际矿业协会创始人郭振西，83岁不服老，著书立传育后代，迄今还担任着柬埔寨高棉总理的经济高参，为发展两国友谊做出了很大贡献。近日拜读振西兄传记有感，特赋诗一首。

磨难意更坚，报国志不松。

工作一团火，学习似钢钉。

老骥何甘闲，奋蹄更年轻。

道义担在肩，开拓打先锋。

著书育后人，翰墨留丹青。

助人自得乐，资深重晚情。

实现中国梦，何顾夕阳红。

祝君春常在，寿比南山松。

参考文献

《备急千金要方》，中华中医药学会编，李俊德、高文柱主编，华夏出版社出版。

《〈黄帝内经〉与〈易经〉里的养生之道》，黄中平编著，北京理工大学出版社，2010年3月第一版。

《历史名人的养生之道》，韩郸编著，2007年7月中国物资出版社。

《名人养生经·古今中外138位名人养生之道》，杨晓光、赵春媛主编，2010年9月金盾出版社出版。

《名人养生经》，郭成主编，2004年11月海南出版社出版。

《养生保健全方位·百家谈养生》，李深编著，2009年12月科学普及出版社出版。

《现代养生》杂志，河北省卫生厅主管，河北省医疗气功医院主编。

编　后

　　《修心养性话健康》一书，是将军在工作之余精心收集、并结合自身实践编写的一本内容丰富、可读性很强的养生读物。他从仁德、动静、智学、廉洁、勤俭、和乐的角度，辩证地阐释了一个最质朴的观点：养生，要有所为有所不为，先做好身体的主人，才有资格做健康的受益人，也才能更好地服务国家。书中没有艰涩难懂的医学宏论，而是通过阅读历史名人的养生故事，学习古人的养生智慧，了解开国元勋老将军的养生之道，总结自己的养生经验等，从中感悟修心养性的方法，是一本令人爱不释手的好书。

　　随着社会进步，人们生活水平的提高，大家越来越多地关注自身健康和长寿。文台将军在戎马倥偬中，心系家国天下，以战略家的眼光、军人的毅力，学者的敏锐和高度社会责任感，提出了通俗易懂、便于操作，为大众所接受的养生新观点、新思路，这不能不说是作者对社会的一个重要贡献。十几万文字，洋洋大观，都是身兼数职的老将军在百忙之中，一笔一划写出来的。手捧书籍，欣闻墨香，心中敬意油然而生。这种勤奋的精神，认真的态度，无私的奉献，不懈的追求，是永远值得我们学习的。

　　真心祝愿大家能从书中获得适合本人的养生知识，并在实际生活中坚持运用、完善发展，强健自己的体魄，为国家富强、民族复兴、人民幸福，贡献自己的力量。

　　本书在编写的过程中，借鉴和引用了许多的素材和资料，在此，向提供素材和资料者表示由衷的感谢。

2013 年国庆节

总后记

在本套文丛付梓之际，总结过去，我发现我这一生不敢有半点懈怠之感，不敢有半点马虎之意，不敢有半点懒惰之心，每天都要读一点书、思考一点问题，写一点东西，日积月累也就汇集成了别人常说的所谓"著作"。可以说，从军半个多世纪，我经过各级领导岗位的磨砺和考验，也经过各种院校的培训和熏陶，还经历过国内外大量的实地调研和考察，特别是经过各级老首长教育和帮带，所以这套文丛的字里行间，表达的思想、总结的经验、凝聚的心血都是干出来的，而不是想出来的，是悟出来的，而不是憋出来的！在老前辈、老首长、老战友、老专家们的鼓励之下，编辑出版此文丛，以为祖国富强，民族振兴，人民富裕，国防强大，尽一点普通干部、普通党员、普通战士的微薄之心。

必须强调的是这套文丛是群众经验的升华，是集体智慧的结晶！这些思想和方法的来源既有老领导的口传心授，又有班子成员的经验积累，还有官兵的聪明才智，更有社会广大群众及各界有识之士给予的真诚帮助。因此，在文丛即将出版之时，回顾过去，忘不了老首长们对我的关心鼓励，忘不了同事们对我的帮助启发，忘不了官兵们对我的鼎力支持，忘不了广大人民群众的真知灼见，忘不了朋友们对我的真诚关怀，忘不了家人对我的包容理解，忘不了身边工作人员的日夜操劳。在此，向他们一并表示感谢：刘华清、张震、张万年、迟浩田、姜春云、杨汝岱、周克玉、曲格平、赵维臣、季羡林、文怀沙等老前辈、老首长、老领导、老专家都曾为作者的论著或题写书名或题词祝贺或作序鼓励；程宝山、高建国、张贡献、杨玉文、南兵军、张建华、于明松、李振领、王瑞成、梁本源、董玉麟、杨鸿问等老部下、老朋友给予了大力的支持和帮助；李鹏青、马清江、王志刚、薛惠锋、吴昀国、马芳亭、郭萍、黄承梁、李璜、许政、温和、秦清运、李庆田、张西立、苏作霖、孟凡刚、刘敬群、郭媛媛等同志为文丛的问世出谋划策做了不少工作；曾经和现在的身边工作人员刘华亭、范斌、李晓东、刘泉、谢永飞、于钦亮等同志也参与了大量的打印、整理、编辑、校对等工作。此外，还有许多领导师长、出版单位、专家学者、同志同仁以及我夫人闫桂香，女儿张晖、张洁也都付出了辛勤汗水和大量心血，在此就不一一列举，一并致以诚挚的谢意！

张文台

二〇一三年国庆节于北京

总编后

　　这套七卷本的文丛是从张文台上将近 500 万字的著述中精挑细选出来的佳作上品。本套文丛涉猎领域广泛，思想内涵深刻，人生体会颇佳，条理清晰明了，语言通俗易懂。在编辑这套文丛的过程中，编者的心头始终存有一种敬仰、一种钦佩、一种激情、一种收获，可以说是既诚惶诚恐，又如获至宝；既感慨万千，又唏嘘岁月。

　　在编辑这套文丛、接近作者本人的过程中，编者对作者的感觉是既亲切又敬畏。亲切不必多说，所有有幸接近作者的晚生后辈，都能感受到那种让人如沐春风的关爱，有循循善诱的师长形象。寻找编者对作者产生敬畏感的深层原因更有价值，他退出总后政委岗位之后，到全国人大环境与资源保护委员会之前，给军委首长写信表示："退而不休，发挥余热；老而不懈，严于律己；学而不厌，更新知识；为而不求，奉献社会。"这就告诉我们，一个人，不管他是将军还是士兵，不管他是官员还是平民，不管他是富贵还是贫穷，只要有这种忘我的精神，你能不敬畏他吗？这就不难理解为什么作者到全国人大环资委工作之后，竟能撰写出《生态文明十论》这样为各级政府和决策者提供理论高度和可操作性均为上乘的参考专著；不难理解作者何故"自带水杯，分文不取"，到国家行政学院、北京大学、清华大学、光大银行、招商银行、兰花集团、索普集团等党政机关、著名学府、大型国企，讲领导艺术，讲人才培养，讲企业管理，讲企业文化，讲道德修养，讲养生健康；也不难理解作者近千首诗所抒发的情怀，这种情怀与风花雪月无关、与无病呻吟无涉。这些诗呈现的是大志、是大气，是大爱，是大美！

可以说，这套文丛集中呈现了作者的抱负、使命、境界、情怀、智慧和才华。让世人透过这些文字认识到共和国上将所达到的那份无私情怀和治学精神。从文明史的角度看，这套文丛还让我们看到作者对老一代革命家思想与方法的传承，看到了中华文明中的优秀文化传统在一位当代中国高级将领身上的活力绽放。

由于编者水平所限，编辑工作难免疏漏，敬希读者批评指正！

本书编委会
二〇一四年元旦